Shalila Baginski

EIN VERSTANDEN SEIN

Es gibt heute unbedingt viele gute Gründe, das weibliche Geschlecht wieder besser sichtbar zu machen. Dies ist seit mehr als 40 Jahren auch Anliegen unseres Verlages. Ob dies durch Gendern erreicht wird, darf man jedoch hinterfragen, immerhin geht es um unsere *Mutter*sprache. Sicher ist, dass der grammatische Genus nichts über das Geschlecht (Sexus) aussagt. Deswegen halten wir uns als Verlag beim Gendern bewusst zurück. Ausführliche Begründung dazu unter www.neue-erde.de/derdiedas

Shalila Baginski

EIN VERSTANDEN SEIN

Die innere Verneinung aufgeben
und in den Fluss kommen

NEUE ERDE

Haftungsausschluss
Die in diesem Buch beschriebene Methode und die dazugehörigen Übungen sind vielfach erprobt und bei verantwortlichem Umgang gefahrlos anzuwenden. Da jedoch jeder Mensch und seine individuelle Verfasstheit unterschiedlich sind, kann für die Umsetzung der Anregungen dieses Buches in der Praxis seitens der Autoren und des Verlages keine Haftung übernommen werden. Bitte vertrauen Sie sich im Falle von auftretenden Problemen einer dazu berufenen und dafür ausgebildeten Person an.

Bücher haben feste Preise.
1. Auflage 2025

Shalila Baginski
Einverstandensein

Umschlag:
Illustration: Jolanda Lindenlaub
Gestaltung: Dragon Design, GB

Satz und Gestaltung:
Dragon Design, GB
Gesetzt aus der Minion

Gesamtherstellung: Libri Plureos GmbH, Hamburg
Printed in Germany

ISBN 978-3-89060-858-7

Neue Erde GmbH
Cecilienstr. 29 · 66111 Saarbrücken
Deutschland · Planet Erde
www.neue-erde.de · info@neue-erde.de

Inhalt

Einige Worte an dich … **8**

Die Suche nach Glück **12**

Der tiefere Sinn des Lebens in Weisheitslehren und Überlieferungen 17

Jede Schwierigkeit hat eine Botschaft **27**

Karmische Einflüsse und die Rolle der Eltern in der Entwicklung 33

Der Schatten im Spiegel der Außenwelt 42

Der Weg zum Einklang mit deinem innersten Selbst und die Erlösung des Schattens **47**

Einverstandensein als Meditation und Lebenshilfe **61**

Praktisches Vorgehen 66

Heilung des Körpers **81**

Heilmeditation 86

Heilung der Gefühle **88**

Gefühle und ihre Schatten 90

Heilung des Denkens **107**

Erfüllung von Wünschen **112**

Einverstandensein und Schattenlösung in verschiedenen Formen der Therapie und Meditation **121**

Ausblicke **128**

Über die Autorin 132

Es gibt keine Pflicht des Lebens,
es gibt nur eine Pflicht des Glücklichseins.
Dazu allein sind wir auf der Welt,
und mit aller Pflicht und aller Moral und allen Geboten
macht man einander selten glücklich,
weil man sich selbst damit nicht glücklich macht.
Wenn der Mensch gut sein kann,
so kann er es nur, wenn er glücklich ist,
wenn er Harmonie in sich hat, also wenn er liebt.
Dies war die Lehre, die einzige Lehre in der Welt;
dies sagte Jesus, dies sagte Buddha, dies sagte Hegel.
Für jeden ist das einzig Wichtige auf der Welt
sein eigenes Innerstes, seine Seele,
seine Liebesfähigkeit.
Ist die in Ordnung, so mag man Hirse oder Kuchen essen,
Lumpen oder Juwelen tragen,
dann klingt die Welt mit der Seele rein zusammen,
ist gut, ist in Ordnung.

Hermann Hesse (1877–1962)
(aus seinem Nachlass)

Einige Worte an dich …

Wenn dieses Buch seinen Weg zu dir gefunden hat, bist du wahrscheinlich ein Mensch, der die Suche nach einem tiefen und dauerhaften Glück noch nicht aufgegeben hat, und du weißt oder ahnst, dass du ein solches Glück nur in dir selbst finden kannst. Möglicherweise bist du unglücklich oder krank oder einfach unzufrieden mit dir und deinem jetzigen Leben, und du sehnst dich nach einer Änderung und Verbesserung deiner Situation. Vielleicht hast du auch Momente erlebt – in der Kindheit, in der Liebe, in der Natur oder in der Meditation –, in denen du etwas von der Fülle erfahren, von der Seligkeit erahnt hast, die als Potential in dir schlummert, und du möchtest diese Momente zurückholen, festhalten, zu einem dauerhaften Bestandteil deines Lebens machen.

Diese Sehnsucht, die offen oder verborgen in jedem Menschen lebt, ist Antriebskraft und Motor für viele seiner Handlungen. Doch sind in aller Regel weder unsere Eltern und Erzieher noch unsere Schulen oder religiösen Institutionen in der Lage, uns den Weg zur Erfüllung dieser Sehnsucht zu weisen. Anstatt uns den Zugang zu einer direkt und unmittelbar gelebten Seligkeit zu öffnen, vermitteln sie uns eine Vorstellung von Glück, die auf ihrer eigenen Weltanschauung und Lebenserfahrung beruht. Sobald wir merken, dass diese übernommenen Werte unsere Sehnsucht nicht zu stillen vermögen, entwickeln wir unsere eigenen Vorstellungen von einem glücklichen Leben – und tappen dabei in die gleiche Falle wie unsere Eltern und Erzieher: Wir bejahen und unterstützen, was dieser Vorstellung entspricht, und verneinen, was ihr entgegensteht. So geraten wir in eine Einseitigkeit, die uns immer weiter von der inneren Ganzheit, von dem Einklang mit allem Leben fortführt. Anstatt dieser Ganzheit zu erlauben, in uns zu leben, durch uns zu wirken und uns zu führen, binden wir uns an Menschen, Konzepte oder Dinge, die als Ersatz für die mangelnde innere Fülle dienen sollen, werden enttäuscht und suchen den Grund für unsere Enttäuschung in den äußeren Bedingungen oder in unserer unzureichenden Fähigkeit, unser Leben gemäß unseren Vorstellungen zu gestalten.

Viele Menschen arrangieren sich mit zunehmendem Alter mit den Gegebenheiten ihres Lebens, schrauben ihre Erwartungen zurück und geben die Suche nach einem tieferen Glück schließlich auf. In anderen jedoch lebt der Funke fort. Sie erlauben dem Schmerz ihrer unerfüllten Sehnsucht, sie auf ihrer Suche weiterzuführen, und wenn sie die Antennen einer tieferen Wahrnehmung der Wirklichkeit noch nicht vollständig eingezogen haben, begegnet ihnen eines Tages die Erkenntnis, dass das Glück in ihnen selbst verborgen liegt.

Nun beginnt ein neuer Abschnitt der Suche in eine andere Richtung, in einer neuen Dimension. Doch wird der Suchende bald feststellen müssen, dass sich auch hierzu eine beinahe unübersehbare Fülle an Methoden der Meditation, der Selbstverwirklichung oder Heilung anbietet. Viele dieser Möglichkeiten können uns neue Ebenen der Erfahrung erschließen und unser Leben bereichern, doch inwieweit sie uns in die ursprüngliche Ganzheit zurückführen können, hängt nicht nur von der Methode ab, sondern auch von unserer Bereitschaft, jene unerlösten Anteile unseres Wesens, die wir im Laufe unseres Lebens in den Schatten gedrängt haben, bewusst anzunehmen und zu integrieren.

Auch wir haben viel gesucht und gefunden, wir sind ein Stück des Weges in Richtung Ganzheit gegangen. Dabei kristallisierte sich immer deutlicher eine Essenz des Wissens heraus, die so grundlegend und in ihrer Anwendung so einfach und natürlich ist, dass wir beschlossen, ihr ein eigenes Buch zu widmen. Manches, was du darin finden wirst, mag dir bekannt und vertraut erscheinen.

In der Tat gibt es unzählige Ratschläge zur besseren Lebensführung sowie Methoden zur Selbstverwirklichung, die auf diesem Wissen beruhen. Dennoch wurde die einfache und konsequente Anwendung der ursprünglichen Essenz dieses Wissens, in der allein seine umfassende Wirksamkeit begründet liegt, bisher kaum dargestellt. Diese Lücke möchten wir mit dem vorliegenden Buch schließen.

So wollen wir dir mit diesem Buch weniger von den persönlichen Erfahrungen erzählen, die uns auf unserer eigenen Reise begegnet sind, sondern dir zeigen, wie du aufbauend auf deinen eigenen Erfahrungen im Einklang mit deinem innersten Selbst leben und die natürlichen Kräfte der Transformation und des Wachstums in dir zulassen kannst.

Wir möchten dir das grundlegende Wissen dazu vermitteln und dir den direkten Weg dorthin weisen, so dass sich Sinn und Zweck deines Lebens in Harmonie mit den kosmischen Gesetzmäßigkeiten erfüllen können und du dein Leben in Freiheit und Liebe, im Einklang mit dem innersten Kern deines Wesens leben und gestalten kannst.

Es bedarf dazu keiner schwierigen oder langwierigen Übungen. Alles, was du brauchst, ist als natürliche Gesetzmäßigkeit in dir angelegt und wartet darauf, genutzt zu werden. Auch wird dir die Anwendung dieses Wissens helfen, den Wert anderer Möglichkeiten der spirituellen Entwicklung für dich zu erkennen und das Beste herauszuziehen.

Möge dir dieses Buch als ein hilfreicher Freund und Begleiter auf deinem Lebensweg dienen.

Shalila und Bodo J. Baginski.
Südwest-Irland, August 1991

Ausdehnung von Glück
ist der Sinn der Schöpfung
und wir sind alle hier,
um Glück zu erfahren
und auszustrahlen.

Maharishi Mahesh Yogi

Die Suche nach Glück

Die Suche nach Glück begleitet uns ein Leben lang. Sie bestimmt unser Verhalten und unser Handeln, unsere Vorlieben und Abneigungen, ist Ursache unserer Hoffnungen und Sehnsüchte. Wenn unsere Seele diese Welt betritt, beherbergt sie noch ein intuitives Wissen, dass das Leben als ein Fest der Freude gedacht ist. Diese innere Überzeugung geht beim Heranwachsen immer mehr verloren und unsere Sicht des Lebens orientiert sich zunehmend an der Lebenseinstellung, die wir in unserer nächsten Umgebung vorfinden. Im Selbstfindungsprozess der Pubertät kann die ursprüngliche innere Vision oft noch einmal geweckt werden und reibt sich nun an der uns umgebenden Realität. Doch passen wir uns mit zunehmendem Alter wieder immer mehr an die Gegebenheiten an und schätzen uns schließlich schon glücklich, wenn es uns gelingt, allzu großes Unglück von uns fernzuhalten. Wir messen das Maß unseres Glücks an dem der anderen und meinen, wenn wir gut dabei abschneiden, müssen wir uns wohl zufriedengeben.

Das Versprechen von Mystikern und Weisen aller Zeiten, dass tief im Menschen als sein eigentlicher Wesenskern ein Glück verborgen liegt, welches nicht nur unabhängig ist von Bedingungen in Raum und Zeit, sondern weit über alles hinausgeht, was wir durch unser bewusstes Wollen, durch Bemühen und Handeln erreichen können, halten wir entweder für einen frommen Wunsch weltfremder Idealisten oder aber für etwas dem Normalmenschen kaum Erreichbares.

Dennoch haben wir alle schon einmal hier und da von dieser tiefen Seligkeit, die in jedem von uns darauf wartet, geweckt und gelebt zu werden, gekostet oder sie zumindest erahnt: in Momenten der Kindheit, als unsere Seele noch offener war für die einfache Wahrheit, die hinter Vorstellungen und Konzepten liegt; in der Liebe, als uns die Sehnsucht nach Vereinigung unsere inneren Begrenzungen vergessen ließ; im selbstvergessenen Erschaffen eines Kunstwerkes, als wir der schöpferischen Kraft erlaubten, durch uns zu wirken; in der Stille und Weite der Natur oder in tiefer Meditation.

Die Sehnsucht danach, diese Augenblicke zurückzuholen und festzuhalten, lebt offen oder verborgen, bewusst oder unbewusst in jedem Menschen fort. Es sind jene Momente, in denen wir unserem wirklichen Wesen am nächsten sind und eine ungeahnte Lebendigkeit und innere Erfüllung erfahren.

In allen alten Kulturen gab es religiöse oder kulturelle Traditionen, die es als ihre Aufgabe sahen, dem Menschen den Weg zu diesem Glück zu weisen, um es zu einem Bestandteil seines täglichen Lebens zu machen. Während in östlichen Ländern Teile dieses Wissens fortleben, scheinen in unseren Breiten weder Religion noch Kultur in der Lage zu sein, diese Aufgabe zu erfüllen. Was wir Kultur nennen, hat nur noch wenig mit jenen ursprünglichen kultischen Handlungen zu tun, die den Menschen für tiefere Wirklichkeiten öffnen und seinen Entwicklungsweg begleiten sollten. Auch die Religion wurde im Zuge einer zunehmenden Fortschritts- und Wissenschaftsgläubigkeit, die davon ausging, die Wissenschaft werde die Welt und den Menschen eines Tages restlos entschlüsseln können, für überflüssig erklärt. Eine Kirchengeschichte, die von Ketzer- und Hexenverbrennungen, von blutigen Kreuzzügen und Religionskriegen durchzogen ist, schürte darüber hinaus ein berechtigtes Misstrauen gegenüber allem Religiösen, das den Anspruch einer alleinigen Seligmachung vertrat.

Was von den großen westlichen Religionen übriggeblieben ist, ist zudem zunehmend in einer Organisation erstarrt, die vorrangig damit beschäftigt ist, sich selbst zu erhalten und sich als eine dauerhafte Einrichtung zu etablieren, anstatt der Re-ligio, der unmittelbar erlebten Rück-verbindung mit dem Göttlichen zu dienen. So verloren sie schließlich die Verbindung zu ihren eigenen mystischen Wurzeln und können ihrem Anspruch, den Menschen mit seinem göttlichen Ursprung zu verbinden, kaum noch gerecht werden. Es kam sogar so weit, dass Menschen mit authentischen mystischen Erfahrungen als eine Bedrohung für die Organisation selbst empfunden und also bekämpft wurden.

Nachdem die Religionen dem Menschen den Weg zu einem dauerhaften und tiefen Glück nicht mehr weisen konnten, wurden mit dem Aufkommen des wissenschaftlichen Zeitalters Lebensanschauung und Wirklichkeitsverständnis des Menschen zunehmend von einem wissenschaftlichen Weltbild geprägt. Im Zuge dieser neuen Sicht der Welt wurde nun den Erscheinungen und Ereignissen endgültig das Wunderbare aberkannt, Dinge zu toter Materie erklärt, Pflanzen und Tieren ihre Beseeltheit genommen und sogar dem Menschen eine unsterbliche Seele abgesprochen, da sie mit wissenschaftlichen Mitteln nicht nachzuweisen war. Der Kosmos mit allem, was er enthielt, wurde zu einem Zufallsprodukt erklärt, zu einer seelenlosen Maschine, die messbar war und berechenbaren Gesetzen folgte.

Doch hat uns der enorme technische Fortschritt, der mit den Ergebnissen wissenschaftlicher Forschung einherging, auch einen Wohlstand beschert, der uns in einem nie gekannten Maß die Möglichkeit gibt, uns um die wesentlichen Dinge im Leben zu kümmern, da für das Überleben in überreichem Maße gesorgt ist. Doch wissen die meisten Menschen mit dieser neuen Freiheit noch wenig anzufangen. Mit der Freizeitgestaltung trat ein neues Problem auf den Plan. Langeweile und »Null-Bock«-Mentalität sowie die Flucht in eine digitale Unterhaltungswelt sind vor allem unter Jugendlichen nie dagewesene Erscheinungen, die mit dieser neuen Zeit einhergehen.

Eine Minderheit wandte sich auf ihrer Suche nach einem tiefen inneren Glück nun dem ursprünglichen Christentum, östlichen Religionen, indianischer Kultur oder germanisch-keltischen Überlieferungen zu, in denen das Wissen um die innere Ganzheit des Lebens noch nicht verlorengegangen war. Vom Großteil der Menschen wurde die Erfüllung ihrer Sehnsucht nach Glück jedoch nun vollständig nach außen projiziert und für machbar gehalten. Auch das Glück sollte berechenbaren Gesetzen folgen. Die gesamte Schulbildung wurde dem wissenschaftlich rationalen Weltbild angepasst, und das von der Physik und der Darwin'schen Evolutionstheorie begründete Verständnis dient auch heute noch als gängiges Erklärungsmodell unserer Wirklichkeit.

Die endgültige Abspaltung der Heilkunde von der Religion war ein weiteres Zeichen für die zunehmende Abspaltung des Menschen von seiner spirituellen Ganzheit. Selbst das Seelenheil, bisher Domäne der Kirche, wurde schließlich der Wissenschaft überlassen und der modernen Psychologie unterstellt, die neben einigen sehr wertvollen Ansätzen bald auf eine weitgehende Anpassung des Menschen an die vorherrschende Sicht der Wirklichkeit sowie die etablierte Gesellschaftsform abzielte.

So wurde dem Menschen der Zugang zu den ekstatischen inneren Erfahrungen immer mehr versperrt, da sie mit den zur Verfügung stehenden wissenschaftlichen Mitteln nicht erklärbar und erfassbar sind und den Menschen aus dem gewünschten Konsumverhalten und der Manipulierbarkeit in eine innere Freiheit entlassen würden, die nicht erwünscht ist und somit auch nicht gefördert wird.

Doch schließlich war es die Wissenschaft selbst, die das ursprüngliche Wissen der Religionen bestätigte. Mit der Erforschung des Mikrokosmos verwandelte sich das festgefügte Weltbild plötzlich in einen Tanz der Energien, eine Vorstellung, die seit jeher von verschiedenen östlichen Religionen vertreten wird. Albert Einstein (1879–1955) zeigte auf, dass Raum und Zeit keine absolut feststehenden Größen sind, sondern den Umständen entsprechend veränderlich, und näherte sich damit dem überlieferten Wissen vom Illusionscharakter von Raum und Zeit. Dieses Wissen wird durch die Erfahrung in tiefer Meditation bestätigt, in der mit dem Erlebnis innerer Einheit die Zeit stillsteht und sich die räumlichen Begrenzungen auflösen. Die Bibel benutzt hierfür den Begriff »Ewigkeit«, der nicht etwa eine endlos lange Zeit, sondern das Aufhören aller Zeit meint. Schließlich wurde unter dem Druck entsprechender Experimente sogar dem unser Weltverständnis bestimmenden Kausalitätsprinzip, dem Prinzip von Ursache und Wirkung, der Boden entzogen und durch das Phänomen der Synchronizität, also der Gleichzeitigkeit ersetzt. Und wenn die neuere Quantenphysik von einem vereinheitlichten Feld spricht, einem Bereich der geringsten Anregung der Materie, der alle angeregten Zustände latent enthält und aus dem heraus sie in Erscheinung treten, so erinnert das unübersehbar an die Schöpfungsgeschichten aller großen Religionen. Heute kommt selbst die Physik, die »materialistische« Wissenschaft par excellence, ohne das Postulat eines transzendenten Geistes als Grundlage der materiellen Prozesse nicht mehr aus.

Etliche Physiker, die bis in die subtilsten Bereiche der Materie vorstießen, fanden über ihre Forschung zu einem Verständnis des Lebens zurück, das eine intelligente Kraft als Ursache aller Erscheinungen annimmt. David Bohm (1917–1992), Einsteins Musterschüler in Princeton, Professor für theoretische und experimentelle Physik, sagt beispielsweise:

Die Ergebnisse der modernen Wissenschaften ergeben nur noch einen Sinn, wenn wir eine innere, einheitliche, transzendente Wirklichkeit annehmen, die allen äußeren Daten und Fakten zugrunde liegt.

Gemäß seiner Theorie der »impliziten Ordnung« liegt hinter der Welt der einzelnen Bestandteile, wie wir sie wahrnehmen, eine innewohnende Ordnung verborgen, in der alles mit allem verbunden ist.

Selbst die grundlegende Erkenntnis der Weisen, dass sich mit dem Wahrnehmenden auch die Wahrnehmung der sogenannten äußeren Welt ändert und somit jede Erkenntnis der Welt auf einer Erkenntnis des Erkennenden beruhen muss, wurde durch die Physik bestätigt. Der Physiker Werner Heisenberg (1901–1976) fand heraus, dass sich »Faktoren, die man beobachtet, aufgrund der Beobachtung ändern«. So erscheint dem Wissenschaftler beispielsweise die physische Realität als teilchenartig oder wellenförmig, je nach seiner Perspektive. Auf die innere Einheit zwischen dem Wahrgenommenen und dem Wahrnehmenden übertragen, würde hierbei die »Teilchennatur« eher dem Erleben des Menschen aus dem Bewusstsein einer getrennten Individualität heraus entsprechen, die »Wellennatur« dem Bewusstsein innerer Verbundenheit mit allem Leben.

So stand die Wissenschaft unerwarteterweise vor dem Phänomen, dass sich die Aussagen der neuesten Physik ebenso in den jahrtausendealten Überlieferungen der spirituellen Traditionen wiederfanden wie in der Beschreibung der Erfahrungen in tiefer Meditation.

Diese Bestätigung durch die Wissenschaft bietet nun auch dem modernen, von der wissenschaftlich-rationalen Denkweise geprägten

Menschen die Möglichkeit, die tiefen Erkenntnisse der Mystiker und Weisen aller Zeiten zu akzeptieren, um zu einer erweiterten Sicht der Wirklichkeit zu gelangen. Noch geschieht der Prozess der Assimilation dieser Erkenntnisse äußerst langsam. Zum einen ist es eine Eigenschaft des Menschen, sich nur sehr schwer von alten überholten Denkgewohnheiten zu lösen, zum anderen kann die direkte Erfahrung dieser Wirklichkeit, die sie erst zu einem persönlichen Wert für uns macht, allein durch eine innere Öffnung dafür erlangt werden. Doch jene Menschen, die in ihrem Herzen das Wissen um die tieferen Wahrheiten nie ganz verloren haben und unbeirrt von der vorherrschenden Strömung der Zeit ihren eigenen Weg gegangen sind, bekommen hiermit eine Rückendeckung von gänzlich unerwarteter Seite. Einige zeitgenössische spirituelle Lehrer wie der Sufi-Meister Pir Vilayat Khan und Maharishi Mahesh Yogi bedienen sich ganz bewusst der wissenschaftlichen Erkenntnisse, um auch dem am rationalen Verstand orientierten Menschen die tiefen Wahrheiten des Lebens leichter zugänglich zu machen. Eine Synthese der alten Weisheit mit der modernen Wissenschaft kann nicht nur das überlieferte Wissen bestätigen, sondern auf der anderen Seite auch die neuesten Ergebnisse der Wissenschaft für den Menschen unmittelbar erfahrbar machen.

Der tiefere Sinn des Lebens in Weisheitslehren und Überlieferungen

Schauen wir nun, was uns die alten Weisheitslehren und religiösen Überlieferungen zu unserer Suche nach Glück zu sagen haben. Hierzu möchten wir buchstäblich zurückgehen bis zu Adam und Eva, beziehungsweise zu dem Ursprung der Schöpfung, ihrem Sinn und Zweck. Ein Verständnis dieser tiefen Zusammenhänge des Lebens kann uns helfen, die Methode des Einverstandenseins, die das eigentliche Thema dieses Buches ist, optimal anzuwenden. Sie kann unser Vertrauen in die Sinnhaftigkeit des Daseins und aller Ereignisse in unserem Leben stärken, so dass wir sie annehmen, integrieren und so zu einer größeren Ganzheitlichkeit wachsen können.

Der letzte Urgrund der Schöpfung wird in den Religionen mit dem Begriff Gott bezeichnet, wobei wir bei näherem Hinsehen häufig eine Unterscheidung zwischen einem persönlichen und einem überpersönlichen Aspekt Gottes finden. Gott-Vater, Ishvara, Allah oder Großer Geist sind beispielsweise Begriffe, die für den persönlichen Aspekt Gottes stehen. Brahman, Tao, das Absolute oder die Transzendenz bezeichnen den überpersönlichen Aspekt Gottes, von dem wir uns gemäß der Bibel kein Bild machen sollen.

Abb. 1
Symbol der Einheit im Zen

Die absolute göttliche Einheit wird nicht nur als ein Bereich reiner Glückseligkeit beschrieben, in ihr liegt auch alles Wissen um die Schöpfung begründet, ähnlich wie in einem Samenkorn das Wissen um den gesamten Baum ruht, um seine innere Struktur und seine äußere Gestalt ebenso wie um alle Stadien seines Wachstums.

Durch einen Akt der Selbsterkenntnis des Göttlichen entsteht innerhalb dieser ungeteilten Einheit die erste Dualität: ein Erkennender und ein »Objekt« der Erkenntnis. Das in der Einheit enthaltene Wissen beginnt nun, Leben zu atmen, und die Schöpfung manifestiert sich. Die Upanishaden sagen dazu:

Bevor die Welt erschaffen wurde, war sie Brahman.
»Ich bin Brahman«, so erkannte Brahman sich selbst.
Da er sich selbst erkannte, wurde er zum Selbst in allen Wesen.
Brihadaranyaka Upanishad

Der christliche Mystiker Meister Eckhart (1260 – 1328) hat aus seiner inneren Schau heraus die gleiche Wahrheit folgendermaßen beschrieben:

Im klaren Spiegel der Ewigkeit,
dem ewigen Sich-selbst-wissen des Vaters, *
da gestaltet er ein Abbild seiner Selbst,
seinen Sohn. **
In diesem Spiegel bilden sich alle Dinge ab
und man erkennt sie darin,
freilich nicht als Kreaturen,
sondern als Gott in Gott.

Bei den Chinesen finden wir das Wissen um Einheit und Dualität in dem Symbol von Yin und Yang ausgedrückt. Der allumfassende Kreis des Tao wird durch eine wellenförmige Linie in die hell und dunkel gezeichneten Bereiche des Yin und Yang geteilt, von denen jeder wiederum den Gegenpol als einen Punkt in sich enthält. Yang steht für die männliche, schöpferische Kraft, für den »Erkennenden«, während Yin für die weibliche, empfangende Kraft steht, für »das Objekt der Erkenntnis«, dessen verborgenes Leben erst durch den Akt des Erkennens geweckt wird. Yin und Yang sind in allem enthalten, was existiert, wenn auch in unterschiedlicher Proportion. Es ist das ewige Spiel von Yin und Yang innerhalb der Einheit, das die Welt der Gegensätze erzeugt und damit die vielfältigen Erscheinungen der sichtbaren Schöpfung hervorbringt.

* das »Ich bin Brahman« der Upanishaden.

** das Christusbewusstsein oder »das Selbst in allen Wesen« der Upanishaden.

Abb. 2
Die Polarität in der Ganzheit

Auch der Hinduismus kennt die Unterteilung in einen männlichen, schöpferischen Impuls und eine weibliche Kraft, die den schöpferischen Samen empfängt und daraus die Welt der Erscheinungen gebiert. Gemäß der indischen Mythologie besitzen die verschiedenen Aspekte Gottes wie auch ihre Inkarnationen immer eine weibliche Ergänzung, wie beispielsweise Shiva-Shakti, Brahma-Sarasvati, Krishna-Radha und so weiter. Die Schöpfung ist ein Spiel der Liebe dieser dualen Energie.

In unserem Kulturkreis sprechen wir vom »Himmlischen Vater« und von »Mutter Erde« als Ausdruck des Schöpfers und des Geschaffenen. Auch unser Wort »Materie« als Bezeichnung für die sichtbare, greifbare Welt ist vom lateinischen »Mater« (Mutter) abgeleitet.

Fragen wir uns nun, wo wir dabei als Mensch stehen. In der Schöpfungsgeschichte des Alten Testaments finden wir die Erzählung von Adam (hebr. Mensch/Erde) und Eva (hebr. Leben) im Paradies. Paradies heißt wörtlich »dem Tag gleich«. Hiermit wird der Zustand der Einheit bezeichnet, in dem es keine Unterscheidung gibt zwischen Tag und Nacht, Gut und Böse. Eva, die Mutter allen Lebens, ist aus Adam hervorgegangen, der »von Gott aus Erde geformt und mit dem göttlichen Atem belebt« wurde (Genesis 2:7). Die Schlange verführt Adam und Eva im Paradies dazu, vom »Baum der Erkenntnis« zu essen. In der christlichen Mythologie ist sie das Sinnbild für den Gegenspieler Gottes, der die Menschen zum »Leben in der Welt« verführt. Den Gnostikern war die Schlange, die ihr eigenes Ende fassen kann und so zu einem Kreis wird, Symbol des Universums mit seinen Zyklen von Werden und Vergehen. Indem Adam und Eva sich für das Wissen um »Gut und Böse« entschieden hatten, wurden sie aus dem Paradies vertrieben. Sie erkennen ihr »Geschlecht«, ihre Verschiedenheit, treten also ein in die Welt der Dualität.

Abb. 3

Adam und Eva im Paradies

Kupferstich von Albrecht Dürer (1471–1528)

26,5 × 20,9 cm. The Morgan Library and Museum, New York City / Wikimedia Creative Commons

Auch auf die Frage, zu welchem Zweck dies geschah und nach dem Willen des Schöpfers geschehen musste, geben uns die Religionen eine Antwort. Hierzu möchten wir aus der Lehre der Sufis, den Mystikern des Islam, zitieren:

*Gott hat die Welt erschaffen, damit er von der Welt erkannt und anerkannt werde, der Mensch ist das Auge, mit dem Gott sich selbst sieht. Er ist das Endprodukt der Reise in die Welt des Schöpfungsablaufes, ist Höhepunkt und Wendepunkt, an dem die äußere Reise endet und die Heimreise beginnt.**

Nur durch den Akt der Abtrennung von Gott, durch das Heraustreten aus der absoluten Einheit ist es also möglich, dass Gott sich im Menschen bewusst erkennt. Der Mensch muss sich absondern, muss sündig werden. (Hier besteht eine Wortverwandschaft zu dem althochdeutschen »Sund« = Graben, Trennung. Sünde können wir als eine »Absonderung« verstehen.) Er muss die Erfahrung eines von der Einheit getrennten Ich durchlaufen, um bewusst und aus freiem Willen zur Einheit zurückzukehren. Dann sind ihm »alle Sünden vergeben«, die Absonderung hört auf. Während wir weiterhin in der Welt der Dualität leben, ist diese Welt für uns nun von dem Bewusstsein der inneren Einheit durchdrungen, wir haben eine innere Freiheit erlangt, die unser Leben wahrhaftig in ein Spiel, in ein Fest der Freude verwandelt.

Die Bibel kennt das Beispiel vom verlorenen Sohn. Während der eine Sohn beim Vater bleibt, verlässt der andere sein Zuhause und geht hinaus in die Welt. Bereichert mit der Erfahrung der Welt, kehrt er schließlich aus eigenem Entschluss zurück, und seine Rückkehr ist Anlass zu einem großen Freudenfest.

Fragen wir uns nun also, auf welche Weise wir zur inneren Einheit zurückkehren können, so finden wir in allen religiösen Traditionen den Weg des Herzens als einen für jeden Menschen gangbaren Weg zur Vereinigung mit dem Göttlichen beschrieben.

* Zitat aus: »Religionen des Ostens« von Anne Bancroft, Theseus-Verlag, Zürich, 1974

Durch die Liebe schwingen wir uns ein in das Wesen Gottes, das in seiner Essenz nichts anderes als Liebe ist.

Gott aber ist die Liebe
und wer in der Liebe ist,
der ist in Gott und Gott in ihm.

1. Johannes 4, Vers 16

Liebe aber bedeutet ein aus dem Herzen kommendes Einverstandensein. Ein solches Einverstandensein hebt jegliche Trennung auf, erweitert unser Herz, um immer größere Bereiche des Lebens in unser Sein mit aufzunehmen und schließlich in der Vereinigung mit dem Urgrund aller Schöpfung, der »mystischen Hochzeit« (unio mystica) Erfüllung zu finden.

Wann immer wir mit dem Herzen einverstanden sind, beginnt das Leben in uns zu fließen und uns jene Geheimnisse zu offenbaren, die allein mit dem Herzen erkannt werden können. Das tiefste dieser Geheimnisse aber ist die innere Einheit allen Lebens, die ihrem Wesen nach Seligkeit ist.

Die Erfahrung dieser Einheit ist uns viel näher, als wir vielleicht denken. Der Anblick des unendlichen Sternenhimmels, ein Sonnenaufgang, der den Himmel in rotes, violettes und goldenes Licht taucht, kann unser Herz für das Wunder der Schöpfung öffnen. Wir können etwas viel Größeres fühlen als unser eigenes, begrenztes Wesen, können uns auf wunderbare Weise eins fühlen mit der uns umgebenden Natur und vielleicht etwas von der Liebe und Freude erahnen, mit der all dies ins Leben gerufen wurde. Auch wenn wir uns in der Liebe zu einem anderen Wesen für Augenblicke selbst vergessen, das Glück zulassen, das in dieser Vereinigung liegt, können wir über unsere Individualität hinausgehen und mit einer größeren Wirklichkeit verschmelzen.

Unser Herz ist das Tor zum Herzen des Universums; über die Liebe gelangen wir zu unserem innersten Wesen, in dem das Wissen um die innere Einheit unversehrt bewahrt blieb, und bekommen einen Geschmack von der Seligkeit, die in der Vereinigung mit dem Leben selbst liegt. Osho (1931–1990) drückt den zentralen Wert der Liebe sehr deutlich aus, wenn er sagt:

Liebe ist die einzige Realität, die es sich lohnt zu leben.
Alles andere ist sekundär.
Was zur Liebe beiträgt ist gut, der Rest ist gleichgültig.
Alles andere ist nur Mittel zum Zweck
und der Zweck ist Liebe.

Liebe ist die vereinigende Kraft des Lebens, welche die verstreuten Enden unseres Daseins wieder zu einem Ganzen fügen und uns Erfüllung, Frieden und Geborgenheit schenken kann. Obwohl wir uns alle nach Liebe sehnen, fällt es uns jedoch schwer, unser eigenes Herz zu öffnen, die Liebe *in uns* zuzulassen und spontan zu leben.

Als das Wissen um die innere Einheit alles Geschaffenen verlorenging, hat unsere Seele begonnen, im Außen zu suchen. Damit machten wir unser Glück abhängig von äußeren Bedingungen und von der Zuneigung anderer. Unser gesamtes Verhalten anderen Menschen gegenüber wird letztendlich durch die Sehnsucht nach Liebe, Anerkennung und Geborgenheit bestimmt. Sie ist der eigentliche Grund für unsere Anpassung an gesellschaftlich sanktionierte Werte oder an das Wertesystem einer Gruppe, der wir uns zugehörig fühlen. Die Betonung einer individuellen Eigenart hingegen ist ein Versuch, aus den mit dieser Anpassung verbundenen Zwängen auszubrechen. Sie ist für viele ein Schritt in die Freiheit, der jedoch nicht automatisch zu einem tieferen Einklang mit den Gesetzmäßigkeiten des Lebens führt.

Unser Herz verschenken wir nur an einen ausgewählten Partner. Doch anstatt die Liebe zu ihm als ein Tor zu einer umfassenderen Wirklichkeit zu erkennen, zu einer allumfassenden Liebe, die auch andere Menschen und Wesen mit einschließt, erwarten wir von unserem Partner, dass er unsere innere Leere ausfüllt, unser Selbstwertgefühl aufpoliert und unserem Leben den verlorengegangenen Sinn wiedergibt. Er soll uns zur Erfüllung unserer Sehnsüchte und Bedürfnisse dienen, und um dies sicherzustellen, soll er ausschließlich uns gehören. Diesen Ansprüchen kann jedoch auf die Dauer kein Partner gerecht werden.

Auf der weiteren Suche nach Glück versuchen wir nun, das verlorengegangene Paradies in einer neuen Partnerschaft zu finden, oder aber in einer Änderung der äußeren Bedingungen, die unser Leben bestimmen. Wir beginnen, unsere Hoffnung in die Zukunft zu setzen und denken: »Wenn ich nur den passenden Partner hätte, den richtigen Beruf, die gewünschten Fähigkeiten, die richtige Lösung für meine Probleme, wenn ich nur genug Erfahrung besäße, reich genug, schön genug oder kreativ genug wäre, wenn ... wenn ... wenn ... – dann könnte ich endlich glücklich sein.«

Erfüllt sich einer unserer Wünsche, erleben wir eine kürzere oder längere Zeit der Zufriedenheit; doch meldet sich bald schon der nächste Wunsch, der unsere Unzufriedenheit fortsetzt, da er noch nicht erfüllt ist.

Das Bedürfnis nach »mehr und mehr« ist ein natürlicher Antrieb im Leben des Menschen, der ihn letztendlich wieder in seine innere Heimat zurückführen wird. Solange wir jedoch allein im Außen suchen, werden wir den Weg dorthin nicht finden. Unter Umständen kann unsere Suche auch in einer Sucht steckenbleiben. Damit ist nicht nur Drogenkonsum, Alkoholmissbrauch oder Nikotinsucht gemeint, sondern ebenso übermäßiger Sex, Arbeitssucht, übersteigerter Leistungs- und Anerkennungstrieb, Spielsucht, Esssucht, Magersucht und vieles mehr. Die Liste ließe sich endlos fortführen, da wir in der Hoffnung auf Erfüllung alles im Außen zum Objekt einer Sucht machen können.

Doch wird uns eines Tages das Leid unserer unerfüllten Suche oder aber die Erkenntnis, dass auch die Erfüllung immer neuer Wünsche im äußeren Bereich des Lebens unsere Sehnsucht nach einem dauerhaften Glück nicht zu stillen vermag, zu einem neuen Schritt bereitmachen: Die Öffnung zu jener tiefen Wahrheit, die unser gesamtes Leben in all seinen Ausdrucksformen bereichern und in einen Ausdruck unbegrenzter Liebe und Freude verwandeln kann.

Die Hinwendung zu verschiedenen Formen der Meditation, Therapie und Heilung, die den Menschen in seiner spirituellen Ganzheit mit einbeziehen, sind wertvolle Ansätze, diese Quelle zu erschließen. Doch besteht auch hierbei die Gefahr, dass wir sie als ein Mittel benutzen, um dem Leid auszuweichen, anstatt es anzunehmen, hindurchzugehen und so in eine neue Freiheit einzutreten.

Allein durch das Einverstandensein kann auch das Leid als ein Wegweiser erkannt und als ein Mittel verstanden werden, das dem Wachstum zur inneren Ganzheit dient. Wie wir in den folgenden Kapiteln aufzeigen werden, öffnet uns das Einverstandensein für die Energien und Botschaften, die in jeder Situation enthalten sind. Es kann uns zeigen, dass hinter all unseren Schmerzen und unserem Leid, unseren Ängsten und Aggressionen die Sehnsucht nach Liebe und Vereinigung verborgen liegt. Auch kann es uns lehren, wie wir diese Kraft wieder in ihrer ursprünglichen Bedeutung erfahren und zulassen können, so dass sie zu einem natürlichen Motor und Antrieb für die Entfaltung unseres inneren Glückspotentials wird.

Jede Schwierigkeit hat eine Botschaft

Wie wir gesehen haben, ist die Schöpfung das manifestierte Wissen, das in seiner ruhenden oder unmanifestierten Form in Gott enthalten ist. Die Manifestation dieses Wissens ist der Kosmos mit allem, was er enthält. Das Wort »Kosmos« kommt aus dem Griechischen und bedeutet Ordnung. Mit kosmischen Gesetzen sind somit nicht etwa die Bewegungen der Himmelskörper gemeint, sondern die inneren Gesetze des Lebens, welche die ganze Schöpfung durchziehen.

Wenn wir also davon ausgehen, dass der Kosmos mit allem, was er enthält, kein Zufallsprodukt ist, sondern spezifischen Gesetzmäßigkeiten unterliegt und somit Sinn und Bedeutung hat, sind folglich auch Schwierigkeiten und Leid in unserem Leben nicht etwas im üblichen Sinne Zufälliges. Sie fallen uns – wie der ursprüngliche Gebrauch des Wortes sagt – gesetzmäßig zu und sind somit ebenso sinn- und bedeutungsvoll wie alles Leben im Universum.

Um die innere Bedeutung von Problemen und leidvollen Erfahrungen bis zu ihren Wurzeln hin aufzuzeigen, möchten wir den großen Bogen, den wir in den vorausgegangenen Kapiteln gespannt haben, noch einmal spannen, diesmal jedoch unter dem Gesichtspunkt der Entstehung von Leid.

Der natürliche Kreislauf des Lebens – von der Einheit in die Vielfalt und wieder zur Einheit – wird getragen von der Kraft der Evolution. Als Ausdruck des Schöpfungswillens bringt sie alle sichtbaren und unsichtbaren Universen mit ihren unendlich vielfältigen Ausdrucksformen hervor, mit den Wundern des Makrokosmos und des Mikrokosmos, um in der Erzeugung eines Bewusstseins zu gipfeln, das diesen unermesslichen Reichtum der Schöpfung erfassen und erfahren kann.

Im Erleben der Größe und Vielfalt dieser Schöpfung führt die gleiche Kraft der Evolution in ihrem natürlichen Weiterschreiten zur ursprünglichen Einheit zurück. Als Mensch sind wir eingebettet in diesen Kreislauf der natürlichen Entwicklung. In ihrem Verlauf treten wir aus der Einheit heraus wie eine individuelle Welle auf dem Ozean des Seins. Bei dieser Reise in die Individualität trennt sich unsere bewusste Wahrnehmung vorübergehend von der Erfahrung der inneren Einheit, während das Wissen um diese Einheit im Grunde unseres Seins, in unserem innersten Selbst unbewusst erhalten bleibt. Erst durch diese Trennung wird es möglich, alle Ebenen des Erlebens zu erschließen und die Freude an der Rückkehr zur Einheit in ihrer ganzen Tiefe zu erfahren.

Die Freude am Licht resultiert aus der Erfahrung
der vorausgegangenen Dunkelheit.

Maharishi Mahesh Yogi

Wenn du einmal eine Nacht draußen in der freien Natur verbracht hast, um deine Seele beim allmählichen Heraufdämmern des Morgens dem zunehmenden Licht zu öffnen und schließlich in einem herrlichen Sonnenaufgang gemeinsam mit der Natur die Geburt des neuen Tages zu feiern, kannst du vielleicht etwas von der Freude und dem Wunder nachvollziehen, das sich in diesem Wechsel zwischen Dunkelheit und Licht ausdrückt. Doch wie der Anbruch des Morgens besitzt auch die Abenddämmerung ihren besonderen Reiz, wenn die Aktivitäten des Tages zur Ruhe kommen und die hereinbrechende Nacht uns bereitmacht für das Erleben von Stille, wenn die Grenzen sich allmählich auflösen und in der Dunkelheit die Weite des Universums mit seinen verborgenen Welten sichtbar wird.

Die Freude am Spiel der Schöpfung liegt im ewigen Wechsel verborgen, in den Rhythmen von Ruhe und Aktivität, von Tag und Nacht, von Berg und Tal, von Geben und Empfangen. Die Musik der Schöpfung wird von diesen Rhythmen getragen, die von der Wellenbewegung der kleinsten Materieteilchen über das lebendige Pulsieren des

Abb. 4

Der blaue Planet (»Blue Marble«)

»Während der Heimkehr staunte ich über 400.000 Kilometer hinweg die Sterne und den Planeten an, von dem ich gekommen war. Da spürte ich mit einem Male die Intelligenz, die Liebe und die Harmonie im Universum.«

Edgar Mitchell, Astronaut (USA)

Quelle: NASA

Blutes in unserem Körper bis zu den großen Schöpfungszyklen schwingen.

So unterliegt als Teil der Schöpfung auch die menschliche Evolution einem Zyklus, in dessen Verlauf es zur Ausbildung eines Ich kommt, das aus dem Bewusstsein der Unbegrenztheit und Ewigkeit hinaustritt in die Begrenzungen von Raum und Zeit. Als Mensch haben wir den freien Willen erhalten, uns so weit und so lange von der inneren Einheit zu entfernen, wie wir es wollen. Bewegen wir uns jedoch zu weit von ihr fort, entsteht Leid, ähnlich wie bei einem kleinen Kind, das sich im Spiel von der Mutter entfernt hat und sie nun nicht mehr findet. Doch während das Kind noch weiß, was ihm fehlt, vergessen wir es. Was bleibt, ist ein Gefühl unbestimmter Leere und Verlassenheit. Überdies gibt das Bewusstsein mit dem Verlust der Einheit auch die Fähigkeit auf, spontan im Einklang mit den Gesetzen der Schöpfung zu leben.

Auf sich selbst gestellt, versucht das Ich nun, mit den ihm eigenen Mitteln sein eigenes Paradies zu schaffen. Zunächst muss es sich, um eine eigenständige Identität zu entwickeln, immer weiter abgrenzen. Ein Ich zu haben bedeutet ja immer, dass auch ein Nicht-Ich vorhanden sein muss. So errichtet das Ich in der Grenzenlosigkeit des inneren Seins Grenzen, die es als Folge nun auch verteidigen muss. Es beginnt, das Leben in ein Außen und Innen zu unterteilen und sich nur mit bestimmten Lebensbereichen zu identifizieren, die anderen aber aus dem Bewusstsein zu verdrängen. So wird es zum Schöpfer seiner eigenen Welt. In Erinnerung an die Geborgenheit und Sicherheit, die im Einklang mit den kosmischen Gesetzen liegt, schafft sich das Ich nun eigene Regeln und Gesetze. In Erinnerung an das Glück der Einheit will es auf seine Weise Einheit herbeiführen – im persönlichen Bereich über die Ergänzung der fehlenden Hälfte durch einen Partner, auf der kollektiven Ebene über die Integration in eine Gruppe oder Gesellschaft. In Erinnerung an das enorme Wissen des inneren Selbst sucht das Ich, Dinge und Erscheinungen zu erklären und intellektuell zu erfassen. In Erinnerung an den inneren Reichtum will das Ich nun seine Welt ganz in Besitz nehmen. Hinter all diesen Bemühungen steht letztendlich die Sehnsucht, den Zustand der Einheit wieder herbeizuführen. Es liegt in der Natur des Ich begründet, dass das Resultat immer unvollkommen bleiben muss.

Was das Ich in sich begreift, ist vielleicht der kleinste Teil von dem, was ein vollständiges Bewusstsein in sich begreifen müsste.

C.G. Jung, 1875–1961

Doch will das Ich es nicht wahrhaben, dass sein Status begrenzt ist. Erst wenn der Mensch sich dieser Begrenztheit seines Ich bewusst wird und eingesteht, kann es sich schließlich zum Selbst erweitern. Bereichert mit der Erfahrung eines individuellen Ich öffnet sich der Mensch wieder der Unbegrenztheit seines inneren Seins, um es zur Vervollkommnung und Erfüllung seines individuellen Lebens zu integrieren.

Während wir uns bei dieser Wanderung noch auf dem Weg in die Individualität befinden und uns somit immer weiter von der Einheit entfernen, ist unser Selbst immer bereit, uns zur Einheit zurückzuführen, und es schickt uns als Hinweis, dass wir aus der Einheit und damit aus dem Einklang mit den kosmischen Gesetzmäßigkeiten herausgefallen sind, die Erfahrung des Leids. Demnach bedeutet Leid immer, dass wir einen Teil des Lebens auszugrenzen versuchen oder negieren. Doch anstatt das Leid als Hinweis für unsere Einseitigkeit zu betrachten, verneinen und verdrängen wir es zusammen mit dem abgelehnten Lebensbereich. Hierbei werden beide miteinander verschmolzen, und wir erkennen nicht mehr, dass es die Ablehnung selbst ist, die den Schmerz verursacht, sondern projizieren den Schmerz auf den abgelehnten Bereich. So machen wir diesen Bereich allein durch unsere Ablehnung zu einem Feind und meinen nun, vor diesem selbst erzeugten Feind fliehen oder ihn bekämpfen zu müssen.

Nun besagt das Gesetz der Erhaltung der Energie, dass nichts im Universum verlorengehen kann – es kann nur seine Form wandeln. Ebenso wenig können wir etwas, was zu uns gehört, vernichten oder für nichtig erklären. Es wird uns in einem neuen Gewand wieder begegnen. Da wir es in uns ablehnen, nimmt es nun den Anschein eines von außen kommenden leidvollen Schicksals an, und wir glauben, dass irgendwo dort draußen irgendwelche Bedingungen bestehen, die uns diese oder jene Widerwärtigkeiten erleben lassen. So fühlen wir uns in aller Regel als die unschuldigen Opfer des Geschehens in unserem Leben.

Die Botschaft, die hinter all unseren Schwierigkeiten, unseren Problemen und Krankheiten steht, kann jedoch auf einen einfachen Nenner gebracht werden: *Du bist aus der Einheit herausgefallen, kehre zu ihr zurück.* Die Gesichter, in denen diese Botschaft sich zeigt, sind so vielfältig wie das Leben selbst, und dennoch liegt dieser gemeinsame Nenner hinter all den äußeren Erscheinungsformen des Leids verborgen.

Zusammenfassend können wir also sagen, dass die Abtrennung von dem Bewusstsein der Einheit mit Leid verbunden ist und unser Ich versucht, dieses Leid wieder aufzuheben, indem es die Ergänzung durch einen Partner, Anerkennung und Liebe von Seiten anderer und der Gesellschaft und so weiter sucht. Oft genug sind diese Versuche vergeblich, wodurch sich das Leid vertieft. Doch können sie auch vorübergehend erfolgreich sein und uns ein gewisses Gefühl von Einklang und Geborgenheit vermitteln. Um dies zu erreichen, müssen wir jedoch wiederum Eigenschaften und Wünsche in uns verleugnen, da sie mit den in uns gestellten Erwartungen nicht übereinstimmen. Diese Verleugnung erzeugt weiteres Leid, und die verdrängten Bereiche kommen zu uns in Form eines unliebsamen Schicksals zurück. Wir geraten in einen Teufelskreis, aus dem wir nur ausbrechen können, wenn wir aufhören zu negieren, auszugrenzen und zu verdrängen.

Auch die Psychologie konnte schließlich an diesen Wahrheiten nicht ganz vorbeigehen. Dem unvoreingenommenen Geist von C. G. Jung haben wir es zu verdanken, dass von seiner Seite zum ersten Mal ein klareres Licht auf die Zusammenhänge der menschlichen Probleme geworfen wurde. Jung bezog die zeitlosen Wahrheiten östlicher Weisheitslehren in seinen Denkansatz mit ein und kam so zu einem Bild, das bis heute als Grundlage einer Psychologie dient, die in einem gewissen Rahmen auch der spirituellen Seite des Menschen Rechnung trägt.

Nachdem Freud bereits festgestellt hatte, dass in der Seele des Menschen nichts spurlos verschwindet, entwickelte Jung das Konzept des Schattens, das später von vielen holistisch denkenden Psychologen, Therapeuten wie auch Astrologen übernommen wurde. Alles, was der Mensch nicht sein möchte, was er nicht akzeptieren will oder nicht ertragen kann, verdrängt er aus seinem Bewusstsein in den Schatten. Doch folgt ihm dieser Schatten »auf dem Fuße«, er meldet sich und begegnet ihm immer wieder in Form von Problemen, Krankheiten und sogenanntem Unglück oder Schicksalsschlägen.

Da das Konzept des Schattens recht gut geeignet ist, die bisher aufgezeigten philosophischen Zusammenhänge auch von der psychologischen Seite her zu beleuchten, werden wir es in unseren weiteren Ausführungen mit einbeziehen. Wir gehen hierbei jedoch von einem etwas anderen Menschenbild aus als die Jung'sche Psychologie.

Karmische Einflüsse und die Rolle der Eltern in der Entwicklung

Wollen wir den Menschen in seiner Ganzheit erfassen, die seiner bisherigen Entwicklung wie auch seiner Entwicklungsmöglichkeiten gerecht wird, müssen wir die Möglichkeit in Betracht ziehen, dass unsere Seele nicht erst mit der Geburt neu entsteht. Die Lehre von der Reinkarnation, also der Wiedergeburt der Seele, findet sich in allen großen Religionen wieder. Auch im Christentum war sie Teil des Wissens, wurde jedoch beim 5. Konzil zu Konstantinopel 553 n. Chr. zusammen mit vielen anderen Teilen, die in das Konzept der damaligen Kirche nicht hineinpassten, aus dem Kanon gestrichen. Das biblische Wissen um die Reinkarnation ist beispielsweise im Thomas-Evangelium noch enthalten, das der damaligen Zensur ebenfalls zum Opfer fiel, später aber wiederentdeckt wurde.

Diese Lehre ist als einzige wirklich geeignet, unsere individuelle Persönlichkeit, unsere Vorlieben und Abneigungen, unsere besonderen Talente und Interessen wie auch bestimmte Probleme und Schwierigkeiten im Leben zu erklären. Bei unvoreingenommenem Hinsehen reichen hierfür Vererbung und Prägung durch die Umwelt bei weitem nicht aus. Vielmehr ist es so, dass die Seele selbst eine innere Verwandtschaft sowohl mit dem Erbgut als auch mit den Prägungen, die sie erfährt, besitzt und sich bei entsprechenden Eltern inkarniert, wobei sie die erworbenen Begabungen und die Erfahrungen vieler Inkarnationen mitbringt. Auch liefert allein die Reinkarnationslehre im Hinblick auf die Sinnhaftigkeit der gesamten Schöpfung eine Erklärung für die unterschiedlichen Chancen, die wir beim Eintritt in dieses Leben erhalten haben. Unsere Seele hat sich die Umstände ihrer jetzigen Inkarnation gesucht, um über genau diese Umstände zu lernen, Fehler zu berichtigen und weiter in Richtung Ganzheit zu wachsen.

Sie werden durch unser sogenanntes Karma bestimmt, ein Begriff, der aus dem Sanskrit kommt und wörtlich übersetzt »Tat« bedeutet. Er bezeichnet die Summe aller Konsequenzen geistig oder körperlich vollzogener Handlungen in diesem oder einem früheren Leben.

Da wir über die Umstände unserer frühen Kindheit noch nicht eingreifend bestimmen können, sind sie besonders geeignet, uns etwas über unsere gewählte Lernaufgabe beziehungsweise über die Voraussetzungen, mit denen wir in dieses Leben treten, zu offenbaren.

Wenn sich unsere Seele inkarniert, vollziehen wir sozusagen im Kleinen noch einmal den kosmischen Entwicklungsprozess nach. Im Mutterleib leben wir im Bewusstsein der Einheit: Wir sind geborgen und mit allem versorgt, was wir brauchen, schwerelos und zeitlos. Mit der Geburt treten wir wieder ein in die Bedingungen von Zeit und Raum, doch dauert es eine ganze Weile, bis wir vollständig zwischen Ich und Nicht-Ich unterscheiden können und ein Gefühl für räumliche und zeitliche Größen entwickelt haben, das mit dem eines erwachsenen Menschen in etwa übereinstimmt.

In dieser ersten Zeit unseres Lebens erleben wir uns selbst und die Welt als Teile ein und derselben Wirklichkeit und als nicht voneinander getrennt. In der Erfahrung dieser Wirklichkeit gibt es zunächst noch kein Bewerten oder Ausschließen, alles ist wunderbar und voller Bedeutung.

Haben wir jedoch in früheren Inkarnationen wichtige Lebensbereiche verleugnet und gegen natürliche Gesetzmäßigkeiten verstoßen, so mag sich schon im Mutterleib ein Gefühl mangelnder Geborgenheit und Disharmonie einstellen. Die früheste Kindheit ist von leidvollen Erfahrungen durchsetzt, die sich in gewandelter Form später in unserem Erwachsenenleben wiederholen. Die damit verbundenen Schmerzen, Ängste und Trauer wollen uns darauf aufmerksam machen, dass wir aus der Einheit und damit aus der Harmonie mit den kosmischen Gesetzmäßigkeiten herausgefallen sind.

Somit können wir auch nicht umhin, die Schuldzuweisung an Eltern und Umwelt zurückzunehmen. Dennoch bedeutet unser Karma kein unabänderliches Schicksal, und jede Geburt bietet grundsätzlich die Chance für einen neuen Anfang. Daraus ergibt sich für die Eltern die Aufgabe, ihr Verständnis zu erweitern, um die Seele ihrer Kinder so gut sie es vermögen auf ihrem Entwicklungsweg zu leiten und ihnen über die karmischen Hürden hinwegzuhelfen. Darüber hinaus kann die Elternrolle als Spiegel für die eigene Entwicklung dienen und Entwicklungsschritte einleiten, die ohne die Herausforderung der Elternschaft nur sehr viel langsamer vollzogen würden. Als Eltern ziehen wir ja gerade jene Seelen an, die uns nicht nur das Glück vermitteln, das im Einklang mit unserer eigenen Evolution steht, sondern uns auch mit jenen Problemen konfrontieren, die unseren eigenen Lernaufgaben entsprechen.

Doch kann es auch bei den besten Absichten von Seiten der Eltern geschehen, dass sich ein Kind gewisse leidvolle Erfahrungen quasi erzwingt, da seine Seele noch nicht bereit ist, aus freien Stücken bestimmte negative Strukturen aufzugeben oder spezifische Lernschritte zu vollziehen. Da wir jedoch alle in einer Entwicklung begriffen sind, besitzen wir als Erwachsene die Freiheit, über die karmisch bedingten Erfahrungen unserer Kindheit hinauszuwachsen.

Schauen wir uns zunächst an, wie eine optimale Entwicklung verlaufen könnte. Lebt unsere Seele weitgehend im Einklang mit den Gesetzen des Kosmos und unseres innersten Selbst, haben wir uns wahrscheinlich Eltern gesucht, die uns im Wissen um die natürliche Entwicklung des Menschen zunächst erlaubten, den Übergang aus der Geborgenheit des Mutterleibs in die äußere Welt mit ihren vielfältigen Eindrücken *allmählich* zu vollziehen. Bei vielen Naturvölkern ist es üblich, dass die Mutter das Kind nach der Geburt ständig in einer Trage oder einem Tuch bei sich trägt und es stillt, sobald es ein Verlangen danach zeigt. Dies entspricht der Seele eines Menschen, der die Urerfahrung in sich trägt, dass er geliebt wird und willkommen ist, dass er mit allem versorgt wird, was er braucht, und dass er in allen Situationen beschützt ist. Im Körperkontakt mit der Mutter erlebt er darüber hinaus bereits als Kind Körperlichkeit als etwas Natürliches und Lebendiges und entwickelt eine gesunde Beziehung zu seinem eigenen Körper.

Durch verständige Hebammen, Ärzte und Eltern wächst auch bei uns das Verständnis dafür, wie wichtig es ist, diese allererste Zeit unseres Lebens in der Geborgenheit der elterlichen Nähe zu verbringen.

Abb. 5

Das Kind entwickelt so ein gesundes Urvertrauen und die Zuversicht, dass das Leben lebenswert ist. Es erhält eine erste Grundlage, auf der es sich unbefangen seiner Umwelt öffnen kann.

Während sich nach und nach ein eigenständiges Ich herausbildet, bleibt bei einer optimalen karmischen Voraussetzung das Gefühl der Geborgenheit im Sein, der Lebensberechtigung, des »In-(der)-Ordnung-Seins« erhalten, und das Kind kann ohne Angst seine Welt erobern, seinen Willen erproben und allmählich lernen, sich zu behaupten. Seine Energien richten sich immer mehr hinaus in die Welt, wollen sie erfahren und erfassen. Hierbei stößt es nun unweigerlich an Grenzen. Es macht die Erfahrung, dass es nicht alles tun und haben kann, was ihm gefällt, und dies ist zunächst ein leidvolles Erlebnis. Das Kind muss nun lernen, Grenzen zu respektieren. Sind die Eltern in der Lage, es bei seinem Drang nach Eroberung der Welt und Durchsetzung des Willens in einer Weise zu leiten, dass die Grenzen als sinnvoll erkannt werden, ohne die natürlichen Bedürfnisse des Kindes zu unterbinden, entspricht dies der Fähigkeit der Seele, sich in kosmische Gesetzmäßigkeiten einzuschwingen, ohne die innere Freiheit aufzugeben.

Die Urerfahrung, dass es berechtige Ansprüche durchsetzen kann, ermöglicht es dem Kind, auch Niederlagen hinzunehmen und verstehen zu lernen, wann seine Erwartungen und Wünsche berechtigt und wann sie unerfüllbar sind. Statt sich in ein scheinbar unabänderliches Schicksal zu fügen oder dagegen zu kämpfen, entwickelt es Zuversicht in das eigene Können ohne das stetige Gefühl, es nicht besser verdient zu haben, oder den inneren Zwang des Siegen-Müssens.

Die Erfahrung, in seiner individuellen Eigenart angenommen und geliebt zu werden, erlaubt es dem Kind, sein ganzes Wesen kennenzulernen und zu erkunden, ohne Teile davon verneinen und verdrängen zu müssen. Lernt es, dass nicht nur seine Freude und Zufriedenheit willkommen sind, dass auch seine Schwächen und Ängste, seine Unsicherheit und Wut, seine Trauer sowie all seine Wünsche verständlich sind, müssen sie nicht in den Schatten sinken, sondern können ihm als Wegweiser und Lehrmeister auf seinem Weg zu einem erfüllten Leben dienen.

Auf diese Weise wird die Ich-Bildung ohne viel Schatten-Bildung abgeschlossen, und der erwachsene Mensch kann sich, motiviert durch den Drang, weiter zu wachsen und ein noch tieferes Glück zu erfahren, quasi aus freien Stücken dem Selbst zuwenden. Das Ich eines solchen Menschen zeigt keine starren Grenzen, es ist nach innen und außen hin offen für Wachstum und Erweiterung. Wir finden es bei Menschen, die eine natürliche Spiritualität leben, wie auch bei jenen »Erfolgreichen«, die im Beruf wie im Privatleben alles erreicht haben, was sie sich wünschen, und sich nun auf der Suche nach einer noch größeren Erfüllung den tieferen Wahrheiten des Lebens zuwenden. Ein nie endender Prozess des Lernens und Verstehens beginnt, der zu immer tieferem Gewahrsein der Wunder der eigenen Existenz, des Lebens und des Kosmos führt, bis hin zu allumfassender Liebe, Weisheit und Erleuchtung. Hierbei wird das Ich des Menschen, das sich anfangs nur mit diesem oder jenem identifizierte, zum »Ich bin«, das nichts mehr ausschließt, sondern in vollkommener innerer Freiheit und Offenheit alles Leben in sich schließt.

Schauen wir uns nun an, wie es aussehen kann, wenn wir uns einen leidvollen Weg ausgesucht haben. Das Leben der meisten Menschen wird zwar eine gute Mischung aus Freud und Leid bereithalten, und jede Seele geht auf ihre eigene Weise mit Herausforderungen um. Doch wollen wir hier die Extreme aufzeigen, damit die Mechanismen klarer hervortreten.

Wir möchten zunächst einfügen, dass ein leidvolles Leben nicht unbedingt bedeutet, noch meilenweit von der Selbstverwirklichung entfernt zu sein. Unsere Seele mag diesen Weg absichtlich gewählt haben, um schneller voranzukommen. Sobald wir innerlich bereit sind zu lernen, kann Leid unser Wachstum enorm beschleunigen. Es holt uns immer wieder aus der inneren Trägheit zurück, in die wir nur allzu leicht verfallen, solange es uns gutgeht.

Merket wohl, alle nachdenklichen Gemüter:
das schnellste Ross, das Euch zur Vollkommenheit trägt,
ist das Leiden.

Meister Eckhart, 1260 – 1328

Den meisten von uns war es wohl nicht vergönnt, den Übergang vom Mutterleib in die äußere Welt allmählich zu vollziehen und die erste Zeit des Daseins in der ununterbrochenen Geborgenheit der elterlichen Nähe zu verbringen – in einem Tuch getragen, im Gleichklang mit den Bewegungen der Eltern geschaukelt und gewiegt. Es ist in unserem Kulturkreis immer noch verbreitet, ein Kind kurz nach der Geburt von der Mutter zu trennen, es in sein eigenes Bettchen zu legen und nur zu vorgegebenen Zeiten zu stillen. Kinderwagen und Wiege ersetzen die natürlichen Schaukelbewegungen des Getragenwerdens. Die Nacht verbringt es in einem getrennten Kinderzimmer.

Der Schmerz einer solchen Trennung wird vom Kind zunächst noch direkt erlebt und herausgeschrien. Doch soll es sich möglichst schnell an einen vorgegebenen Rhythmus gewöhnen. So wird sein Schreien häufig von den Eltern ignoriert. Irgendwann merkt das Kind, dass sein Jammern und Protestgeschrei nicht nur vergeblich, sondern auch unerwünscht sind. Um die Zuneigung der Eltern nicht zu verlieren, verdrängt es nun seinen Schmerz zusammen mit der unerfüllten Sehnsucht nach vollständiger Geborgenheit und Fürsorge in den Schatten. In dem unbewussten Versuch, die Erfüllung quasi zu erzwingen, mag es sich weigern, in dem betroffenen emotionalen Bereich weiter zu wachsen. Dieses Prinzip kann sich im Laufe seiner Entwicklung in verschiedenen Situationen wiederholen, und es fällt ihm schwer, angemessen zu reagieren. Es bleibt emotional auf einer Stufe stehen, die seiner übrigen Entwicklung hinterherhinkt.

Hier zeigt sich eine erste, tiefere Aufgabe der Seele. Durch den Schmerz der abrupten Trennung von der Geborgenheit und dem damit verbundenen Gefühl der Verlassenheit und des Alleinseins erhält sie einen Antrieb für die Suche nach wahrer Geborgenheit, die unabhängig von äußeren Bedingungen ist und letztendlich in der Einheit des ursprünglichen Seins gipfelt.

Wenn nun weder die Weigerung zu wachsen noch die Anpassung an die Wünsche der Eltern zur Befriedigung des ursprünglichen Wunsches führen, erlebt das Kind neben dem Schmerz der Getrenntheit auch seine Machtlosigkeit, die früher oder später ebenso in den Schatten verdrängt wird. Im späteren Leben fühlt es sich den Schicksalsmächten ausgeliefert oder aber von dem Zwang getrieben, seine Umwelt zu kontrollieren. Sicherheit, Fürsorge und Zuneigung sucht es im Außen. Wenn es sie dort nicht bekommt, fühlt es sich wieder so verlassen und verloren, so voll unbestimmter Angst erfüllt wie in der allerfrühesten Kindheit.

Auf seinem weiteren Weg in die äußere Welt trifft das Kind auf immer neue, willkürliche und unwillkürliche Grenzen, die nun bewusster erlebt werden. In der Konfrontation mit diesen Grenzen kommt es zu einem Konflikt zwischen dem eigenen, ursprünglichen Bedürfnis nach Freiheit und Selbstbestimmung und den Anforderungen, Erwartungen wie auch der Rechten unserer Mitmenschen. Auch kann hier ein früherer Missbrauch der eigenen Freiheit anklingen, die im Übergehen der Freiheit anderer lag und jetzt den Konflikt quasi erzwingt, um durch ihn zu lernen und an ihm zu wachsen.

Die schmerzvolle Konfrontation leitet eine weitere tiefere Aufgabe der Seele ein. Sie ist ein Anreiz, sich auf den Weg zur wahren, inneren

Freiheit im eigentlichen Selbst zu begeben und sich damit in eine übergreifende Ordnung einzuschwingen, die allen gleichermaßen gerecht wird.

Ein Kind entwickelt sehr bald ein Gefühl dafür, ob Grenzen natürlich sind oder willkürlich gesetzt, ob sie also einer sachlichen Notwendigkeit entsprechen oder auf Ängsten, mangelndem Verständnis oder vorgefertigten Erziehungskonzepten beruhen. Statt ihm zu helfen, in spielerischer Freiheit seine Kräfte zu erproben, seine Grenzen kennenzulernen, seinen Körper zu erkunden und seine Gefühle zu erleben, soll es lernen, zu gehorchen und sich den Vorstellungen der Eltern anzupassen.

Wird das Kind durch diese Forderungen in seiner natürlichen Entwicklung und seinem Drang noch Selbstbehauptung allzu häufig gebremst, kommt es zu einem Energiestau, den es durch Trotz, Stampfen, Hauen oder ähnlichen Verhaltensweisen zu lösen versucht. Ganz natürlich richtet sich sein Ärger gegen Menschen oder Umstände, die der Erfüllung seines Wunsches offenbar im Wege stehen – ein Verhalten, das wir auch beim Erwachsenen wiederfinden.

Hier können Eltern ihrem Kind in einer Weise helfen, die für seine Entwicklung sehr ausschlaggebend sein kann. Indem sie dem Kind ohne Schuldzuweisung, Strafe oder Androhung von Liebesentzug erlauben, seinen Drang nach Eroberung der Welt und Erprobung seiner Möglichkeiten auszuleben, ihm ohne Vorwürfe die notwendigen Grenzen aufzeigen, aber auch sein Leid respektieren, das bei der Konfrontation mit den gegebenen Grenzen entsteht, kann das Kind am ehesten lernen, sich aus freiem Willen heraus in Gesetzmäßigkeiten zu fügen, ohne sich als Opfer von Willkür und Ungerechtigkeit zu empfinden. Bei Konflikten können sie versuchen, eine Lösung zu finden, die allen gerecht wird und das Kind *motivieren*, sich einzufügen, anstatt von ihm unbedingten Gehorsam zu fordern. Das Gefühl, vollkommen verstanden und angenommen zu sein, können Eltern ihrem Kind jedoch nur insoweit wirklich vermitteln, wie sie selbst gelernt haben, sich in ihrem ganzen Wesen anzunehmen und zu akzeptieren. Wo immer sie Teile von sich ausschließen, werden sie das automatisch auch bei ihrem Kind tun.

Trifft der Wunsch, Grenzen zu durchbrechen, auf Strafe oder Verurteilung, führt dies zur weiteren Schattenbildung und ist in der folgenden Entwicklung mit Schuldgefühlen oder Ängsten belastet. Der Versuch, die eingespielten Denkschemata, Gefühlsstrukturen und Verhaltensmuster aufzugeben, lässt die verdrängte Furcht wieder aufleben, allein zu sein, alles zu verlieren, was ein Gefühl der Verbundenheit, Vertrautheit und damit Sicherheit geschenkt hat. So bleiben wir lieber in einem Verhalten hängen, das zwar nicht befriedigend, aber vertraute Routine ist. Unser Selbstwertgefühl machen wir von der Wertschätzung durch andere abhängig.

Dies sind nur einige, vereinfacht dargestellte Beispiele möglicher Erfahrungen und Reaktionen in der Kindheit. Letztendlich reagiert jede Seele auf ihre eigene, individuelle Weise auf die unterschiedlichen Herausforderungen. So mögen wir beispielsweise auch als Erwachsene die Haltung von Trotz und Widerstand beibehalten, oder wir mögen uns ganz in eine schützende Schale zurückziehen. Letzteres ist insbesondere der Fall, wenn das Kind ständig mit intensiven unerlösten Schattenanteilen der Eltern konfrontiert wird und das Gefühl der Machtlosigkeit überhandnimmt. Im späteren Leben kann eine solche Reaktion unter anderem zu mangelnder Energie und Antriebskraft bis hin zu einer Depression führen.

Allen gemein ist die Tatsache, dass wir die in der Kindheit angelegten Muster in unserer weiteren Entwicklung immer wieder aufs Neue wiederholen. Die Verneinung unserer natürlichen Bedürfnisse und die Verdrängung des dadurch entstehenden Leids führen dazu, dass unser Verhalten wie auch unser Erleben weit davon entfernt sind, ursprünglich und authentisch zu sein. Statt mit den Rhythmen des Lebens zu schwingen und uns der Führung unseres innersten Selbst anzuvertrauen, geraten wir in die Einseitigkeit. Wir richten unser Leben nach Vorstellungen aus, die sich aufgrund unserer persönlichen Geschichte im Laufe unseres Daseins herauskristallisiert haben. Dabei spielt es keine Rolle, ob dies eigene oder übernommene Vorstellungen sind, persönliche oder kollektive. Ausschlaggebend ist, dass sich unser bewusstes Ich mit ihnen identifiziert. So trennen wir uns von jenen Teilen unseres Wesens, die den Erwartungen nicht entsprechen, allmählich ab. Schließlich fangen wir an, ein Leben zu akzeptieren, das sehr viel anders ist, als eigentlich für uns gemeint, und verweigern uns dem Leben in seiner Ganzheit.

Der Schatten im Spiegel der Außenwelt

Fassen wir zusammen: Indem wir irgendwann auf unserem Weg begonnen haben, bestimmte Ausdrucksformen des Lebens zu bejahen, andere hingegen abzulehnen, erhielt unser Ich eine gewisse Struktur. Was wir nicht annehmen konnten, wurde zum Nicht-Ich erklärt. Dies sind vor allem jene Lebensbereiche, die für uns mit dem Verlust von Liebe und Anerkennung, von Sicherheit, Geborgenheit und dem Gefühl des Selbstwertes und der Lebensberechtigung einhergingen. In dem Versuch, diese Werte durch andere zu erlangen, haben wir so elementare Bedürfnisse wie das nach freiem Selbstausdruck und nach Liebe und Nähe sowie grundlegende Fähigkeiten wie die Freude an sinnlichen Erfahrungen, die Durchsetzung unserer Wünsche, spontane Kreativität, unbefangene Lebensfreude, intuitives Erkennen und vieles mehr in den Schatten gedrängt. Gemeinsam mit ihnen haben wir unsere Reaktionen auf diesen immensen Verlust, unseren Schmerz, unsere Angst, Wut oder Trauer verdrängt und zu Feinden erklärt, so dass sie uns nicht mehr leiten und den Weg zu einer dauerhaften und von Äußerlichkeiten unabhängigen Erfüllung weisen können.

Dies bedeutet, dass wir auch weiterhin aus dem geradezu unerschöpflichen Reservoir aller Möglichkeiten dieses Universums immer nur jene Aspekte herausfiltern, die unseren begrenzten Vorstellungen entsprechen und die wir sodann als Realität betrachten und erfahren.

Dass dies so ist, können wir immer dann besonders deutlich beobachten, wenn ein anderer Mensch mit exakt den gleichen äußeren Bedingungen konfrontiert wird wie wir, jedoch völlig anders reagiert. So mag der eine triumphierend auf einer steilen Bergspitze stehen und die wunderbare Aussicht genießen, der andere aber kauert zitternd vor Angst daneben und fühlt sich von der schwindelnden Höhe des Berges bedroht.

Welchen Teil der Wirklichkeit wir wahrnehmen und welchen wir in den Schatten verdrängen, wird durch die persönliche Struktur unseres Ich bestimmt. Um dies zu verdeutlichen, möchten wir einige konkrete Beispiele geben.

Angenommen, wir haben das innere Bild von uns, ein ernsthafter, tiefschürfender Mensch zu sein, so werden wir nun alles, was dieses Bild bestätigt, bereitwillig annehmen; was es jedoch in Frage stellt, werden wir ablehnen und in den Schatten drängen. Wir können jetzt nicht mehr unser ganzes Wesen akzeptieren und bejahen, unsere Gefühle unvoreingenommen kennenlernen, sie leben und von ihnen lernen, sondern müssen immer darauf bedacht sein, unser Selbstbild als ernsthafter Mensch laufend zu festigen. Doch werden wir bald feststellen, dass wir mit den abgelehnten Prinzipien immer und immer wieder konfrontiert werden. So scheinen uns immer gerade jene leichtsinnigen Menschen die größten Schwierigkeiten zu bereiten, die mit einer unverantwortlichen, spielerischen Leichtigkeit durch das Leben gehen.

Oder wir halten uns für einen besonders harmonischen und feinen Menschen. Unsere persönlich gestaltete Umgebung, unsere Kleidung und unsere Sprache zeugen von dieser Harmonie. Wir tun unser Bestes, um alle groben, harten oder hektischen Schwingungen von uns fernzuhalten. Zu unserem Leidwesen werden wir jedoch dauernd mit Menschen und Situationen konfrontiert, die unsere innere Harmonie stören und ungewollte Schwingungen von Ärger und Aggression hervorrufen.

Vielleicht betrachten wir uns auch als einen Menschen, der immer für andere da ist und sich ständig für seine Mitmenschen aufopfert und treffen in unserer Umgebung auf ein erschreckendes Maß an Undankbarkeit, Selbstsucht und Egoismus – womöglich allen voran in Gestalt unserer eigenen Kinder.

Tiefsinnigkeit, Harmonie und selbstloser Dienst am Nächsten sind ohne Zweifel noble und erstrebenswerte Ziele und können zu unseren authentischen Wesensanteilen gehören. Doch sollten wir nicht versuchen, sie mit einer Verneinung und Verdrängung des Gegenpols zu »erkaufen« oder zu stärken. Je verzweifelter wir bei dem Versuch, unserem Idealbild nachzustreben, die ungewollten Bereiche ablehnen, desto größer wird die Diskrepanz zu dem, was wir als scheinbar von außen kommend erleben.

Hierfür gibt es eine ganz einfache Erklärung: Nach dem Affinitätsprinzip tritt nicht nur unser bewusstes Selbstbild in Resonanz mit allem, womit wir uns identifizieren, sondern auch unser Schatten stellt eine Resonanz zu allen ihm entsprechenden Bereichen her. Obwohl diese dunklen Resonanzebenen oftmals eine unerklärliche Anziehung auf uns ausüben, heißen wir sie natürlich nicht willkommen; sie werden abgelehnt wie der Schatten selbst. Das Ich des Menschen als jener Teil der Wirklichkeit, mit dem er sich identifiziert, freut sich über alle Resonanzebenen, die es bestätigen und bestärken, doch lehnt es ebenso sehr die Resonanzebenen des Schattens ab. Dass es dadurch eine Hälfte der Wirklichkeit ausspart und somit immer eine halbe Portion bleibt, nimmt es unbesehen in Kauf.

Da nun der Schatten alle zurückgewiesenen Anteile enthält, können wir ihn in der Regel nicht direkt wahrnehmen. Doch erfolgt der indirekte Weg der Wahrnehmung über die Resonanzphänomene. Wie wir gesehen haben, gehört zum Ich alles, womit wir uns identifizieren und im positiven Sinne mitschwingen; folglich gehört zum Schatten alles, wozu wir in eine negative Schwingungsresonanz treten.

Wir brauchen uns nur zu fragen, womit wir im Leben immer wieder unfreiwillig konfrontiert werden, und werden so direkt auf unsere Schattenbereiche gestoßen. Doch anstatt die Konfrontation als Spiegel für unsere eigene Verdrängung und Abwehr zu betrachten und darin unsere Unvollkommenheit zu erkennen, projizieren wir sie nach außen. Die Umwelteinflüsse, die Umstände unseres Lebens oder unser Partner tragen nun die alleinige Schuld an unserer Misere und unserem Leid.

Wann immer Schwierigkeiten und Probleme auf uns zukommen, hat das jedoch unausweichlich einen ganz unmittelbaren Bezug zu uns selbst. Immer handelt es sich um Bereiche, mit denen wir innerlich nicht ausgesöhnt sind, die wir ins Schattendasein verdrängt haben, um nicht weiter mit ihnen konfrontiert zu werden. Während diese Verdrängung für eine gewisse Zeit recht gut funktionieren kann, stehen irgendwann, manchmal erst nach vielen Jahren, die gleichen Probleme in einem neuen Gewand wieder vor uns. Wenn wir einmal genau hinschauen, erkennen wir tatsächlich, dass uns immer wieder dieselben ungeliebten Erfahrungen begegnen. Dies bedeutet nichts anderes, als dass dieser Bereich endlich aus der Verdrängung erlöst und hereingenommen werden möchte.

Erlösung aber geschieht durch Liebe, und Liebe in ihrem ursprünglichen Sinn bedeutet bedingungsloses Annehmen und Hereinnehmen und damit das Zurücknehmen aller Negation, Verneinung und Verdrängung. An diesem Punkt mag die urchristliche Forderung *Liebet eure Feinde* (Bergpredigt, Matthäus 5, Vers 44) besser verständlich werden. Liebe ist in der Lage, Feindschaft in eine überaus wertvolle Begegnung zu verwandeln, die uns der Ganzheit ein Stück näherbringt. Ein Mensch, der seine Feinde wirklich und wahrhaftig liebt, ist für uns ein Heiliger. »Heilig« aber kommt von »heil« und das meint »ganz« und »vollkommen« und damit letztlich »alles enthaltend«. Wir können also nur heil werden, wenn wir nicht dauernd Unerwünschtes und Anderes ausschließen und bekämpfen. Wenn wir unsere Feinde lieben, holen wir damit alle Projektionen zu uns zurück. Wir bringen Licht in den Schatten und erkennen, dass wir ihn allein durch unsere Negation der inneren Einheit ins Leben gerufen haben.

Es ist Unsinn
sagt die Vernunft
Es ist was es ist
sagt die Liebe

Es ist Unglück
sagt die Berechnung
Es ist nichts als Schmerz
sagt die Angst
Es ist aussichtslos
sagt die Einsicht
Es ist was es ist
sagt die Liebe

Es ist lächerlich
sagt der Stolz
Es ist leichtsinnig
sagt die Vorsicht
Es ist unmöglich
sagt die Erfahrung
Es ist was es ist
sagt die Liebe

Erich Fried

Der Weg zum Einklang mit deinem innersten Selbst und die Erlösung des Schattens

Bevor wir dich in das praktische Erleben des Einverstandenseins entführen, in die direkte Erfahrung der Harmonie mit deinem innersten Selbst und der Erlösung deiner Schattenanteile, möchten wir mit diesem Kapitel die Geographie der inneren Landkarte weiter vervollständigen, die dich auf diesem Weg begleitet.

Zunächst möchten wir den Begriff *authentisch*, den wir in den vorangegangenen Kapiteln häufig verwendet haben, in seinem tieferen Sinn erklären. Authentisch sein heißt nicht, dass wir jeder Laune oder jedem Impuls folgen, weil er sich gerade echt anfühlt. Die höchste Form der Authentizität bedeutet, dass wir ganz aus unserem innersten Selbst heraus leben und uns von seiner Weisheit leiten lassen. Alles, was in diese Richtung führt, kann als authentisch bezeichnet werden.

Mit dem Begriff *Ich* ist unser Selbstbild gemeint, das sich aufgrund unserer Erfahrungen im Laufe unseres Lebens herauskristallisiert hat. Es beinhaltet unsere Prägungen und Gefühlsstrukturen, unsere Hoffnungen und Wünsche und so weiter.

Im Laufe unserer Evolution wird sich das Ich zum Selbst erweitern. Zwar ist das Wort »Selbst«, auch als »Höheres Selbst« oder »innerstes Selbst« bezeichnet, heute vielen Menschen, die sich mit Methoden der Bewusstseinserweiterung befassen, ein Begriff. Andere jedoch mögen trotz unserer bisherigen Ausführungen noch wenig damit anzufangen wissen.

Wir haben die Bezeichnung »innerstes Selbst« gewählt, weil sie am deutlichsten zeigt, was das Selbst unserer Meinung nach ist: unser eigentlicher, tiefster Wesenskern und nicht etwas, was beinahe unerreichbar über uns steht oder jenseits von uns existiert, wie der Begriff

»Höheres Selbst« leicht vermuten ließe. Es ist jener Wesenskern, der ewig unverändert bleibt, während sich unabhängig davon unter der Regie des Ich im Laufe unserer Leben Wesenszüge herausgebildet haben, die sich allmählich verändern oder durch neue ersetzt werden, mit denen wir uns über kürzere oder längere Zeit hinweg identifizieren und die wir als unsere Persönlichkeit empfinden.

Über die »Funktion« des innersten Selbst besteht weitgehende Einigkeit. Es wird als der göttliche Kern in uns bezeichnet, über den wir die innere Einheit mit Gott erfahren und uns einschwingen in das universale Leben der Schöpfung.

Nach C.G. Jung können wir über das Selbst »mit Gott und dem Kosmos, mit Kristallen und Tieren, mit dem Sein und allem Seienden« in Beziehung treten.

Diese Wesenheit (das Selbst) könnte ebensowohl als »der Gott«
in uns bezeichnet werden.
Die Anfänge unseres ganzen seelischen Lebens Scheinen unentwirrbar aus diesem Punkt zu entspringen,
und alle höchsten und letzten Ziele scheinen auf ihn hinzuzulaufen.

C.G. Jung

Wollen wir dem Selbst Attribute zuschreiben, so werden wir ihm mit Begriffen wie allumfassende Liebe, absolute Glückseligkeit, Freiheit und Weisheit am ehesten gerecht.

Nun mag dies für einen Menschen, der täglich aufs Neue damit beschäftigt ist, die Herausforderungen des Lebens in Beruf, Partnerschaft und so weiter zu erfüllen, zwar wunderschön, aber nicht gerade nach praktischer Lebenshilfe klingen. Schließlich müssen wir dort beginnen, wo wir gerade stehen, und da mögen wir uns noch weit von allumfassender Liebe und Weisheit entfernt wähnen. Doch hast du es bestimmt schon einmal erlebt, wie sich durch eine tiefgreifende Erfahrung der Liebe oder Freude oder einfach durch eine tiefe Entspannung deine Einstellung zu den täglichen Problemen änderte, wie sie kleiner wurden und unbedeutender und damit viel leichter zu lösen waren.

Was dein Selbst dir schenken möchte, ist genau diese innere Freiheit und Weite, die mit einem Loslassen der inneren Begrenzungen einhergeht. Es möchte dir die Seligkeit schenken, die darin liegt, einfach nur zu sein, das Leben in jedem Moment neu zu erfahren und zu gestalten, unbeeinflusst von den Prägungen der Vergangenheit. Es möchte dir die Fähigkeit zurückgeben, über die Wunder der Schöpfung zu staunen, über die Vielfalt an Formen, Farben und Gestalten. Es möchte dir das Wunder der Wahrnehmung bewusst machen, das Wunder deiner Gefühle und Gedanken. Es möchte, dass sich dein Herz erweitert und deine Sinne verfeinern, damit du das Leben in seiner ganzen Reichweite und Tiefe erfahren und erfassen kannst, bis hin zur inneren Einheit.

Es ist jederzeit bereit, dir den Weg dorthin zu zeigen, dich in jedem Augenblick zu leiten. Dazu besitzt es eine weitaus größere Kompetenz als dein Ich mit seinen zwangsläufig begrenzten Ansichten und Einsichten. Diese Kompetenz bezieht es aus der Tatsache, dass es auf der einen Seite eins ist mit der absoluten Einheit und dem darin enthaltenen Wissen, auf der anderen Seite aber auch dein ureigenstes Selbst ist. Es kennt deine gesamte persönliche Geschichte über alle Leben hinweg, es kennt das eigentliche Ziel deines individuellen Lebens, weiß aber auch, welche Erfahrungen du durchlaufen musst, um zu begreifen, um was es im Leben eigentlich geht.

Sobald du ihm erlaubst, in deinem persönlichen Leben zu wirken, beginnst du auf spontane Weise zunehmend aus einer inneren Harmonie mit dem universellen Sein und dem ursprünglichen Sinn und Zweck deines individuellen Daseins heraus zu leben und zu handeln – und das hat wiederum weitreichende praktische Konsequenzen.

Es gibt in der tiefen Meditation die Möglichkeit,
die Zeit aufzuheben,
alles Gewesene, Seiende und Sein-Werdende
gleichzeitig zu sehen,
und da ist alles gut, alles vollkommen, alles Brahman.
Darum scheint mir das, was ist, gut,
es scheint mir Tod wie Leben,
Sünde wie Heiligkeit, Klugheit wie Torheit.
Alles muss sein, alles bedarf nur meiner Zustimmung,
nur meiner Willigkeit, meines liebenden Einverständnisses,
so ist es für mich gut, kann mir nie schaden.
Ich habe an meinem Leib und an meiner Seele erfahren,
dass ich der Sünde sehr bedurfte,
ich bedurfte der Wollust, des Strebens nach Gütern,
der Eitelkeit und bedurfte der schmählichsten Verzweiflung,
um das Widerstreben aufgeben zu lernen,
um die Welt lieben zu lernen,
um sie nicht mehr mit einer von mir gewünschten,
von mir eingebildeten Welt zu vergleichen,
einer von mir ausgedachten Art der Vollkommenheit,
sondern sie zu lassen, wie sie ist,
und sie zu lieben und ihr gerne anzugehören.

Hermann Hesse, 1877–1962

Der Weg zum Einklang mit deinem innersten Selbst geht über das vollkommene Einverstandensein. Damit sind jedoch nicht jene rein verstandesmäßigen »Einverständniserklärungen« gemeint, die einer Funktion unseres Intellekts entspringen. Es geht hierbei vielmehr um jene innere Haltung, in der wir uns mit unserem ganzen Wesen dem Leben mit seinen mannigfaltigen Ausdrucksformen vorurteilsfrei öffnen, es annehmen und hereinnehmen, um es ganz und gar kennenzulernen und zu verstehen. Wenn ein solches Einverstandensein vollständig und ohne Vorbehalte gelebt wird, kommt es jener Art der bedingungslosen Liebe gleich, die nicht als Gegenpol den Hass hat, sondern alles einschließt, die nicht unterteilt in Gut und Böse, in das, was liebenswert ist und was nicht, sondern sich um ihrer selbst willen verschenkt.

> *Denn Gott lässt seine Sonne aufgehen über Böse und Gute und lässt es regnen über Gerechte und Ungerechte.*
>
> Matthäus 5, Vers 45

Diese Liebe ist die Liebe deines innersten Selbst, deines göttlichen Wesenskerns, und indem du sie übernimmst, schwingst du dich ein in seine Energie, in den Gleichklang mit ihm.

Nun magst du einwenden, dass eine solche Liebe nun einmal nicht in dir lebt und dass du sie nicht herbeizaubern kannst. Doch wir sagen: Sie lebt in dir, wenn auch vielleicht tief vergraben hinter den Mauern deines Ich. Liebe mit ihrer Tendenz zur Vereinigung ist nun mal eine Gefahr für das begrenzte Ich, das sich Zäune baut, um seine Identität zu bewahren. Öffnest du dich für die Liebe, ist das Ich ängstlich darauf bedacht, den Ich-Zaun gerade nur so weit auszudehnen, dass er den einen geliebten Menschen oder eine sorgfältig ausgewählte Anzahl von Personen mit einschließt. Wenn die Öffnung unseres Herzens das Gefühl weckt, das ganze Sein umarmen zu wollen, Gott und die Welt eingeschlossen, beginnt das Ich um seine Existenz zu fürchten. Es weiß, dass es sein Spiel verloren hat, wenn dieser Zustand andauert, und so bemüht es sich, möglichst schnell all die vertrauten Zweifel und Ängste wieder an die Front zu schicken, die seinen Status schon so lange gesichert haben. Das hat natürlich Konsequenzen:

Wenn du dich nicht auf die Liebe einlässt
– und dafür haben sich viele entschieden –
dann bleibst du in dir selbst stecken,
dann ist dein Leben kein Fluss, der in den Ozean fließt,
dann ist dein Leben ein stehendes Wasserloch voller Schmutz.
Der Fluss bleibt sauber, weil er immerzu fließt.
Ein Liebender bleibt jungfräulich, rein.
Menschen, die nicht lieben, werden unlebendig,
stagnieren, fangen an zu stinken,
denn sie haben nichts, was sie bewegt.

Osho

Hinter unserer Unwilligkeit oder Unfähigkeit, uns auf die Liebe einzulassen, steht ein ganz eindeutiger Grund: Wir haben nie gelernt, *uns selbst* zu lieben. Dies aber ist Voraussetzung dafür, dass wir unser Herz für andere öffnen können, dass unsere Liebe frisch und lebendig bleibt und wir dabei nicht von Verlustängsten und Eifersucht gebeutelt werden.

Die Forderung der Bibel: *Liebe deinen Nächsten wie dich selbst, (Lukas-Evangelium 10, Vers 27 und 3. Mose 19, Vers 18)* besitzt somit einen sehr viel tieferen Gehalt, als es auf den ersten Blick erscheint. In der christlichen Lehre wurde dem ersten Teil dieser Forderung viel Aufmerksamkeit geschenkt und auf seine Erfüllung viel Mühe und Anstrengung verwendet. Was wir christliche Nächstenliebe nennen, entspringt jedoch häufig genug einem Bedürfnis nach Anerkennung, unbewussten Schuldgefühlen oder im besten Fall dem Versuch, dem Leben einen Sinn zu geben – selten jedoch einem überfließenden Herzen. So besitzt diese »Liebe« auch nur wenig Kraft, da ihr die Wurzeln fehlen, die in dem bedingungslosen Einverstandensein mit dem eigenen Wesen begründet liegen.

Dieser zweite Teil der christlichen Forderung, nämlich sich selbst zu lieben, wurde in den Lehren der christlichen Kirchen weitgehend übergangen oder aber als eine Selbstverständlichkeit erachtet. Schließlich ist jeder sich selbst zunächst einmal der Nächste, jeder will das Beste für sich, so muss er sich wohl lieben. Eine solche Art der egoistischen

Eigenliebe hat so gut wie nichts mit dem erwähnten Gebot Jesu zu tun. Dies begreifen wir in seiner ganzen Konsequenz jedoch erst, wenn wir die Tatsache der mangelnden Selbstliebe nicht mehr in den Schatten drängen. Erst dann wird uns bewusst, wie wenig Zuwendung und liebevolle Aufmerksamkeit wir den wirklichen Bedürfnissen unserer Seele wie auch unseres Körpers schenken.

Mancher mag hier einwenden, dass er sich eigentlich ganz gerne mag, sich für einen netten, umgänglichen Menschen hält und ganz zufrieden mit sich und seinem Leben ist. Ein solches Sich-zufrieden-Geben ist jedoch weit von jener Selbstliebe entfernt, die das ganze Leben von Grund auf erneuern kann. Auch lässt es vermuten, dass der eigene Schattenbereich so säuberlich zugedeckt wurde und so vollständig ins Unbewusste versank, dass er sich nur noch in Form von Krankheiten oder eines »von außen kommenden« Schicksals die gebührende Aufmerksamkeit verschaffen kann.

Stehen wir nun aber vor der Forderung, uns selbst wirklich und wahrhaftig zu lieben, so mögen wir damit zunächst gar nichts anzufangen wissen. Vielleicht wird auch das Erkennen unserer Unfähigkeit, uns selbst mit Liebe zu begegnen, Trauer oder Wut hervorrufen. Wie oft haben wir uns selbst verurteilt, statt den vielfältigen Ausdrucksformen unseres Wesens Anerkennung, Liebe oder zumindest Verständnis zu schenken. Meist haben wir dabei die Meinung anderer als unsere eigene übernommen, um durch diese Zustimmung ihre Liebe oder Anerkennung zu bewahren oder zu erlangen. Wie viele der authentischen Wünsche und Eigenschaften haben wir dabei in den Schatten gedrängt, die sich durch unsere Verneinung in Kräfte und Energien verwandelt haben, welche uns nun ängstigen und bedrücken, Unruhe oder Ärger hervorrufen oder sich in »lästigen« Schwächen und Krankheiten, Hemmungen oder Komplexen ausdrücken, in Problemen in der Partnerschaft, im Beruf oder anderen Lebensbereichen.

Uns bedingungslos mit allem, was in uns lebt, anzunehmen und zu lieben, erscheint uns zunächst absurd. Unser Leben lang waren wir es gewohnt, unliebsame Dinge zu bekämpfen oder vor ihnen davonzulaufen. Die Psychologie kennt diese Haltung als jene »Flucht-und

Kampf-Motivation«, die unser Verhalten weitgehend bestimmt. Sie vermittelt uns das Gefühl einer gewissen Kontrolle beziehungsweise freien Entscheidung gegenüber dem »Schicksal«, das Empfinden, selbst etwas tun zu können.

Diese Lebenseinstellung übertragen wir unbewusst auch auf unsere inneren Schwierigkeiten und Probleme. Sie so anzunehmen, wie sie sind, käme damit einer Resignation gleich. Genau dies ist der Grund, warum wir uns in diesem Buch nicht nur auf die Beschreibung der praktischen Durchführung der Methode des Einverstandenseins beschränken, sondern ihr das theoretische Wissen um die inneren Zusammenhänge vorangestellt haben. Wir wollten damit das Vertrauen wecken beziehungsweise bestärken, dass an der Basis unseres Seins tatsächlich eine Kraft wirkt, die uns führt und leitet, sobald wir ihr Wirken zulassen. Auf der Grundlage dieses Verständnisses wandelt sich das Einverstandensein von der Resignation in einen bewussten Akt der Hingabe an die heilende Energie des innersten Selbst, wobei Heilung in diesem Sinn die Rückverbindung mit den Kräften des Universums meint. Dies ist alles andere als eine fatalistische Ergebung in das Schicksal.

Auf der körperlichen Ebene können wir die Wirkung der Selbstheilungskräfte konkret beobachten. Wenn wir beispielsweise eine Wunde haben, wissen wir, dass sie nach einer Weile wieder heilt, ohne Zutun von unserer Seite. Wir brauchen es nur geschehen zu lassen und der Wunde Ruhe geben. Würden wir hingegen versuchen, die Wunde zu »verdrängen« oder zu »bekämpfen«, wie wir das gerne mit unseren psychischen Wunden tun, käme das, auf die körperliche Ebene übertragen, dem Versuch gleich, die Wunde physisch wegzudrücken oder auch möglichst kräftig draufzuschlagen. Die Konsequenzen wären offensichtlich: Solange wir diese »Behandlung« fortsetzen, hätten wir uns eine Quelle ständiger Probleme geschaffen.

Sind wir hingegen mit dem Geschehen einverstanden und erlauben der Selbstheilungskraft des Körpers gemäß ihren eigenen Gesetzen zu wirken, so werden wir erleben, wie sich die Wunde »von selbst« wieder schließt. Heilkundliche Hilfe kann unterstützend wirken, doch was uns wirklich heilt, ist jene überaus intelligente Kraft, die ganz genau weiß, was zu tun ist, damit unser Körper wieder »in Ordnung« kommt, die jedoch auch die psychischen Voraussetzungen kennt, die eine Heilung unterstützen oder unter Umständen erst ermöglichen.

Wie nun körperliche Krankheit physischer Ausdruck einer tieferliegenden Störung der inneren Ordnung ist, so ist die natürliche Heilkraft unseres Körpers Teil einer viel umfassenderen heilenden Kraft, die unser ganzes Wesen mit den natürlichen Gesetzmäßigkeiten des Lebens in Einklang bringen und damit eine tiefgreifende und dauerhafte Heilwerdung herbeiführen kann – wenn wir dies zulassen!

Was uns eine körperliche Wundheilung so anschaulich vor Augen führt, können wir auf der geistig-seelischen Ebene beobachten, wenn wir uns, angeregt durch ein besonderes Erlebnis der Freude oder der Liebe oder aufgrund einer tiefen Entspannung, einmal wieder vorbehaltlos dem Leben öffnen: Dann ist es so, als würde unser Leben ein Stückchen geheilt, und wir verspüren eine Kraft in uns, die alles in unserem Leben wieder »in Ordnung« bringen kann.

Doch scheinen diese Momente wie flüchtige Geschenke, die wir nicht festhalten können. Je mehr wir versuchen, sie zu halten, desto schneller »verflüchtigen« sie sich. Sie *willentlich* zurückzuholen oder aufs Neue herbeizuführen, gelingt uns nicht. Die Tatsache, dass wir sie erlebt haben, zeigt jedoch, dass sie jederzeit als Potential in uns schlummern und wir sie nur durch unser bedingungsloses Einverstandensein *zulassen* müssen, um sie noch einmal zu erwecken. Mit einem solchen Zulassen geht ein Loslassen all jener negativen Ausdrucksformen unserer Energien einher, die wir, wie im vorhergehenden Kapitel beschrieben, allein durch unsere Negation ins Leben gerufen haben und die wir seitdem bekämpfen oder unterdrücken. Durch diese ständige Abwehr haben wir ihnen eine immense Bedeutung verliehen. Darüber hinaus haben wir sie durch unsere Ablehnung an uns gebunden wie ein zurückgewiesenes Kind, das sich nun erst recht an uns klammert. Hier erkennen wir auch, welche Weisheit uns die Bibel vermittelt, wenn sie sagt:

Widerstehet nicht dem Bösen.

Matthäus 5, Vers 39

Vielleicht hast du schon einmal die Erfahrung gemacht, dass dich Dinge nur so lange in ihrem Griff halten, wie du selbst sie nicht loslassen kannst. Loslassen aber bedeutet Gelassenheit erlangen, innere Freiheit und Zufriedenheit. Doch können wir gerade das, was uns am meisten bedrückt, am schwersten gehen lassen, sind wir es doch selbst, die diese Bedrückung durch unseren eigenen Druck gegen einen ungewollten Lebensinhalt, durch unsere Unterdrückung einer unliebsamen Energie oder Ähnliches hervorgerufen haben. Wenn es uns dennoch einmal gelingt, fallen wir schon bald wieder in das vertraute alte Verhaltensmuster zurück. Loslassen ist eine natürliche und automatische Folge des Einverstandenseins. So müssen wir also hier beginnen. Doch kann das Einverstandensein nur dann zum Loslassen von Problemen und Begrenzungen führen, wenn es absolut *nichts* ausschließt.

Wenn du mit allem, was in dir lebt und in jedem Augenblick in dir geschieht, einverstanden bist, kann dein innerstes Selbst das Geschehen übernehmen. Wo du hingegen etwas zurückweist, setzt du seinem Wirken Grenzen. Sobald du jedoch neben deinen erfreulichen Eigenschaften auch deine Angst, deine Wut oder deine Trauer, deine Unzufriedenheit oder Gefühle der Minderwertigkeit annimmst und als Teil deines Wesens akzeptierst, beginnst du die Negation auf der aktuellen Ebene zurückzunehmen und öffnest die Tür zu der Erkenntnis, dass auch diese Gefühle Ausdruck des gleichen Wunsches nach Glück, Geborgenheit, Lebendigkeit und innerer Freiheit sind. Dein Selbst kann dich nun durch die pervertierten Ausdrucksformen dieses Wunsches hindurch zu ihrer Quelle führen, zu deinem innersten Wesen, aus dem heraus sie in jedem Augenblick als ein Ausdruck von Liebe und Kraft neu entstehen, doch ebenso in jedem Augenblick durch deine unbewussten Ängste pervertiert werden. Es kann dich lehren, sie direkt zu leben, ohne die Umwege über negative Manifestationen. Auch hörst du auf, dich schuldig zu fühlen oder Schuld zuzuweisen, sobald du bei dir, wie auch im Verhalten der anderen dir gegenüber, die Sehnsucht nach Liebe und Einheit als tieferen Grund erkennst. Weist du die pervertierten Ausdrucksformen zurück, bindest du nicht nur deine Energien in dieser Zurückweisung und verbrauchst sie dabei – du unterbindest auch ihren ursprünglichen, authentischen Ausdruck.

So sollten wir unseren Schwierigkeiten mit jenem liebevollen Verständnis begegnen, das beispielsweise auch ein Kind durch ein »schwieriges« Verhalten zu erzwingen versucht. Schenken wir unserem inneren Kind die Aufmerksamkeit und Zuneigung, die es in diesem Augenblick braucht, können sich Spannung, Trauer oder Wut sehr schnell auflösen. Weisen wir es hingegen zurück, weil uns sein Verhalten lästig ist und uns von »wichtigeren Dingen« abhält, entsteht ein Konflikt zwischen den Bedürfnissen unseres »erwachsenen Ich« und denen unseres inneren Kindes. Dein Kind kann dir nun nicht mehr sagen, was ihm fehlt. Es verdrängt seinen Kummer in den Schatten, und unser »erwachsenes Ich« wiederum versucht, durch Kontrolle oder Manipulation die daraus resultierenden Probleme in den Griff zu bekommen. Aus diesem Teufelskreis kommen wir nur heraus, wenn wir aufhören, Teile von uns zu negieren.

In Märchen und Erzählungen stoßen wir oft auf die symbolische Wahrheit, dass Göttinnen und Götter oder andere magisch-machtvolle Wesen nach Rache trachten, wenn sie zurückgewiesen oder vergessen wurden. So ersann zum Beispiel im Märchen von Dornröschen die 13. Fee nur deshalb einen bösen Zauber, weil sie nicht eingeladen wurde. Wenn sie aber willkommen sind, verwandeln sich die vernachlässigten und verbitterten bösen Feen und Zauberer in unserem Inneren in Märchenprinzessinnen und -prinzen, in geistige Lehrer und Lehrerinnen, die uns unsere inneren Schätze offenbaren, von denen wir vielleicht nicht einmal wissen, dass wir sie besitzen. Verwunschene Wesen finden durch Liebe, die ihnen trotz ihrer verzauberten hässlichen Erscheinung entgegengebracht wird, zu ihrer ursprünglichen wunderschönen Gestalt zurück, wie beispielsweise in dem Märchen »Die Schöne und das Tier« oder beim »Froschkönig«.

So finden sich schon in ältesten Überlieferungen Hinweise auf die Kraft des Einverstandensein, die all die großen und kleinen Dämonen der Angst, des Ärgers, der Minderwertigkeitsgefühle, der Eifersucht, der Verbitterung und des Neids in uns über einen Prozess der Wandlung und Erkenntnis entzaubert und uns mit Vertrauen, schöpferischer

Energie, Weisheit und selbstloser Liebe beschenkt. Wie in den Märchen geht es auch hier um die Erlösung aus einer verzauberten Form, und das Einverstandensein ist jener »Gegenzauber«, der alle »Verwünschungen« aufhebt.

Einige psychologische Richtungen raten dazu, den Schatten zu integrieren, indem der abgelehnte Bereich bewusst noch einmal durchlebt wird. Dies mag je nach Schatteninhalt eine beängstigende Vorstellung sein und viel Mut erfordern. Wird ein solches Ausleben im »Eifer des Gefechts« nach außen getragen, könnte es uns sogar einen unliebsamen Gefängnisaufenthalt bescheren. Nun gibt es natürlich Methoden, sich ohne Gefahr für Leib und Leben abzureagieren oder das Schattenprinzip bewusst auf eine andere Ebene zu übertragen. So kann Trauer beispielsweise auf kreative Weise ausgedrückt werden, oder wir machen ein Kissen zum Opfer unserer Wut. Eine weitere Art der Übertragung geschieht erzwungenermaßen über eine Krankheit. Ein Ausleben des Schattens ist jedoch nicht mehr notwendig, wenn wir das Einverstandensein vorbehaltlos praktizieren. Damit wird eine Integration in das Bewusstsein erreicht, und der Schatten kann auf dieser Ebene aus seiner Verbannung erlöst werden.

Das Einverstandensein kann all die Türen zum Verständnis verborgener Zusammenhänge öffnen, die wir durch unsere Ablehnung verschlossen haben. Es kann uns Welten an Erkenntnis und Erfahrung erschließen. Es kann unser Bewusstsein öffnen für die Botschaften, die hinter unseren Problemen und Schwierigkeiten stehen. Es kann unsere Schattenanteile ans Licht des Bewusstseins holen und jene Verzauberung aufheben, die durch unsere Ablehnung entstand und viele unserer Energien und Wünsche in ungeliebte Schattenwesen verwandelte. Durch das Einverstandensein gibst du deinem innersten Selbst die Chance, dich durch alle notwendigen Erfahrungen hindurch zu dem zu führen, was in dir gelebt werden möchte, zur Authentizität, zu Sinn und Zweck deines persönlichen Lebens und zur Einheit mit dem universellen Sein.

Und hierzu ist nichts weiter gefordert, als in jedem Augenblick zu dir selbst »ja« zu sagen, ganz und gar und ohne Wenn und Aber. Diese Haltung führt zu einer sofortigen inneren Entspannung. Vielleicht spürst du, dass du im Grunde deines Herzens genau das willst, fragst dich aber, wie und wo du damit beginnen sollst. Um dir den Einstieg in die Methode des Einverstandenseins zu erleichtern, haben wir im nächsten Kapitel einen verlässlichen Weg aufgezeichnet.

Vielleicht hast du auch noch Bedenken in Bezug auf die Konsequenzen. Werden die anderen dich noch mögen, wenn du dich ihren Erwartungen nicht mehr anpasst? Wie wird dein Partner reagieren, deine Kinder, deine Eltern? Welche vertrauten Gefühle und Eigenschaften wirst du verlieren, welche liebgewonnenen Gewohnheiten aufgeben? Welche schützenden Mauern werden in sich zusammenfallen? Mit welchen Schattenanteilen wirst du konfrontiert werden? Diese Fragen können wir nicht für dich beantworten. Doch können wir so viel sagen: Wenn du beginnst, authentischer zu leben, wird dies auch in deiner Umwelt reflektiert. So mag sich das Verhalten deiner Mitmenschen in einer Weise ändern, die deinem eigentlichen Wesen viel angemessener ist. Oder du findest die Motivation, deine Umwelt entsprechend zu ändern. Auch wirst du die wirklichen Bedürfnisse anderer besser erspüren und demgemäß handeln.

Jede Transformation bedeutet jedoch, dass das Alte dem Neuen geopfert werden muss. Das Alte ist dir vertraut, es ist sicher und zuverlässig. Das Neue ist unbekannt und unvertraut. Um deine alte, bequeme und gesicherte Welt zu verlassen, brauchst du den Mut, dich auf Neues einzulassen, du brauchst den Mut, dir selbst gegenüber vollkommen ehrlich zu sein. Du brauchst den Mut, auch den Schmerzen der Transformation dein liebevolles Verständnis und Einverständnis zu geben. Dieses Einverständnis kann dich an sicherer Hand durch die dunkelste Nacht hindurchführen – und du wirst einen herrlichen Sonnenaufgang erleben, eine neue Geburt, ein neues Leben in vollkommener Offenheit und Weite.

Du kannst jetzt damit beginnen, in diesem Augenblick. Doch kannst du auch noch ein wenig warten und von den Erfahrungen profitieren, die andere vor dir gemacht haben und aus denen wir einige grundlegende Anweisungen und »Wegbeschreibungen« abgeleitet haben, die dir helfen können, deine eigenen Versuche zum Erfolg zu führen. Dazu mehr auf den nächsten Seiten.

An den Schluss dieses Kapitels möchten wir noch einmal einige Worte von Osho stellen:

Verschwinde als Tautropfen und werde zum Ozean.
Aber du musst durch die Pforte der Liebe gehen.
Sicher, wenn man als Tautropfen verschwindet,
nachdem man lange als Tautropfen gelebt hat,
dann tut das weh. Denn man hat gedacht:
»Ich bin das, und jetzt verschwindet es! Ich sterbe!«
Du stirbst nicht, nur eine Illusion stirbt.
Du hast dich damit identifiziert.
Erst wenn diese Illusion vorbei ist,
wirst du in der Lage sein zu sehen, wer du bist,
und diese Enthüllung bringt dich zum höchsten Gipfel
der Freude, der Glückseligkeit und des Feierns.

Osho

Einverstandensein als Meditation und Lebenshilfe

Mit diesem Kapitel kommen wir zum eigentlichen Kern dieses Buches: der praktischen Umsetzung des aufgezeigten Wissens. Wir möchten dich nun einladen, dich auf die Reise zu dir selbst zu begeben, zu jenem verlorenen Paradies, das deine eigentliche Heimat ist. Am Ende dieser Reise wirst du erstaunt feststellen, dass du dieses Paradies nie wirklich verlassen hast; du hattest nur ein paar dicke Vorhänge vor die Fenster deiner inneren Wahrnehmung gezogen, um auch diese Erfahrung des Lebens zu durchlaufen. Doch bist du dabei stehengeblieben und hast vergessen, die Vorhänge wieder aufzuziehen. Stattdessen hast du dich an die Dunkelheit gewöhnt und schließlich begonnen, die Informationen deiner begrenzten Wahrnehmung als einzige Realität anzusehen und auf dieser Grundlage dein Leben einzurichten. Viele deiner Energien hast du darauf verwendet, die Dunkelheit und das damit einhergehende Leid zu bekämpfen. Das berühmte Sprichwort vom »Leben als Kampf« bezieht seine Berechtigung allein aus der Annahme, dass die Realität der »zugezogenen Vorhänge« die einzig wahre ist. Das Einverstandensein beruht hingegen auf dem Wissen, dass auch das Licht real und immer vorhanden ist. An diese Wahrheit erinnern wir uns jedoch erst, wenn wir unsere Energien nicht mehr an Flucht, Kampf und Verdrängung binden.

Was es bedeutet, mit etwas einverstanden zu sein, weißt du aus eigener Erfahrung. Doch sind wir es gewohnt, unser Einverständnis nur jenen Gefühlen, Situationen und so weiter zu schenken, die uns genehm sind. Das setzt ein Urteilen voraus, und mit jedem Urteil ist immer auch eine Verneinung oder Verdrängung des unerwünschten Pols verbunden. Die Gewohnheit zu urteilen und zu bewerten ist für uns so selbstverständlich geworden, dass sie uns meist nicht einmal bewusst ist. Wollen wir nun die Haltung des Einverstandenseins annehmen, so fallen wir zunächst allzu leicht in das alte, gewohnte Muster zurück. Aus diesem Grund ist es wichtig, die neue Haltung ähnlich wie jede andere Meditation immer wieder zu praktizieren, beispielsweise abends vor dem Einschlafen oder morgens, bevor wir den Tag beginnen, oder auch morgens und abends.

Als Hilfe hierfür bieten wir eine von Shalila gesprochene 20-minütige Meditation an, die dich in das unmittelbare Erleben des Einverstandenseins hineinführt. Sie wurde von dem Musiker und Komponisten Arne Herrmann mit einer sehr schönen meditativen Musik unterlegt. Die Musik wurde mit dem Text in einer Weise verwoben, dass sie die gesprochenen Worte auf die Gefühlsebene überträgt und deine eigenen Erfahrungen begleitet und vertieft. Du kannst dir die Meditation unter dem Titel »Einverstandensein, Shalila Sharamon und Arne Herrmann« kostenlos bei YouTube, Spotify und ähnlichen Portalen anhören.

Doch kannst du die Meditation auch ohne diese Hilfe für dich allein durchführen. So möchten wir dir im Folgenden die wichtigsten Verhaltensregeln und Hinweise mit auf den Weg geben, die dir helfen, deine Reise in jedem Moment unter die Führung deines innersten Selbst zu stellen und dich nicht von deinem Ich verführen zu lassen. Auch gibt es hierbei ein paar »Stolpersteine« zu beachten, die dein Ich dir in den Weg legt, um seinen Einfluss nicht aufgeben zu müssen. Sie zu kennen ist von immenser Bedeutung, da du an ihnen hängenbleiben kannst, wodurch deine Reise ein vorzeitiges Ende fände. Wenn du darum weißt, sind sie jedoch leicht zu umgehen. Obwohl die Wirkung des Einverstandenseins sich allein aus der unmittelbaren Erfahrung ergibt, ist es dennoch wichtig, die inneren Zusammenhänge auch intellektuell zu begreifen. So kann dein Intellekt gegebenenfalls korrigierend eingreifen. Dies gilt auch für den Fall, dass du die Meditation mit Hilfe der erwähnten gesprochenen Meditation durchführst.

Bevor wir nun die eigentliche Meditation beschreiben, möchten wir noch einige grundlegende Punkte vorausschicken.

- Zunächst einmal ist es wichtig zu wissen, dass es in erster Linie um die *innere Haltung* des Einverstandenseins geht, die dein ganzes Sein und Wesen mit einschließt. Es ist die Haltung der Liebe und des Verständnisses, wie eine Mutter sie ihrem geliebten Kind entgegenbringt. Die Erlösung einzelner negativer Bewusstseinsinhalte ist eine automatische *Folge* dieser inneren Haltung. Eine solche Haltung bedeutet jedoch nicht, dass du versuchst, Bewusstseinsinhalte willentlich anzunehmen und zu akzeptieren. Sie meint vielmehr ein bedingungsloses *Zulassen* und *Geschehenlassen* all dessen, was im gegenwärtigen Augenblick an Gefühlen und Empfindungen in dir lebt.
- Es ist nicht nötig, all die Erlebnisse der Vergangenheit »aufzuarbeiten«. Die meisten dieser Erlebnisse sind nicht *Ursache*, sondern Spiegel unserer Ängste und Begrenzungen. Unser Schatten hat sie aus einer inneren Resonanz heraus angezogen, und wenn sie unser Verhalten und unser Gefühlsleben auch jetzt noch zu bestimmen scheinen, so nur deshalb, weil wir die entsprechende psychische Struktur noch immer in uns tragen. Die korrespondierenden *Situationen* aus der Vergangenheit stehen symbolisch für diese Struktur, die sich jedoch weniger in der Situation selbst als in unserer Reaktion darauf offenbart. Der Versuch, die Vergangenheit aufzuarbeiten, würde darüber hinaus bedeuten, dass du während dieser Zeit ganz in ihr lebst, darin wühlst, von ihr absorbiert wirst und dabei vergisst, deine Augen und Ohren für den gegenwärtigen Augenblick zu öffnen. Es ist jedoch immer genau dieser Augenblick, der dein Einverstandensein fordert. Sobald du vollkommen mit dir einverstanden bist, verliert die Vergangenheit ihre Relevanz. Verlierst du die Haltung des Einverstandenseins im Jetzt, findest du für dein Verhalten und deine negativen Gefühle wieder tausend Gründe in der Vergangenheit. Die Vergangenheit ist vergangen, und jene gegenwärtigen Gefühle, die damit korrespondieren, kannst du allein im Jetzt erlösen.
- Die Übung des Einverstandenseins bedeutet nicht unbedingt, bestimmte vergangene oder gegenwärtige Situationen zu akzeptieren, mit denen du eigentlich gar nicht einverstanden bist, die du aber

nicht (mehr) ändern kannst. Doch mag auch der Versuch, sie in dein Einverstandensein mit hineinzunehmen, scheitern. In diesem Fall solltest du dich *deiner Reaktion* auf die Situation zuwenden. Sie zuzulassen, vorbehaltlos anzunehmen und sie gleichzeitig deinem inneren Selbst zu Heilung und Lösung zu überlassen, führt zur Erlösung der damit verbundenen Emotionen. Ist die Situation mit Schuldgefühlen behaftet, kann dich das Einverstandensein zu einer vollkommenen, wertungsfreien Ehrlichkeit dir selbst gegenüber führen. Eine solche Eigenehrlichkeit kann wie ein Bekenntnis vor dir selbst wirken, eine befreiende Beichte vor einer inneren Instanz, die nicht verurteilt, sondern versteht. Dabei nehmen wir im Bekennen unsere eigene Zurückweisung und moralische Verurteilung zurück und überlassen uns der liebenden Kraft des Selbst. So ist auch in der Bibel das Bekennen der Sünden ein wichtiger Akt, der die Absonderung zwischen Mensch und Gott aufhebt und die Erfahrung der Einheit erst ermöglicht. Wer seine Sünden bekennt, dem sind sie bereits vergeben.

Wenn wir unsere Sünden bekennen,
so ist er treu und gerecht,
uns die Sünden zu vergeben
und uns von aller Ungerechtigkeit zu reinigen.

Johannes 1, Vers 9

Im Einverstandensein liegt beides: Bekenntnis *und* »Vergebung der Sünden«, also das Aufhören der Absonderung und damit Erlösung. Das gleiche Prinzip erkennen wir beispielsweise in folgender Situation: Wenn ein Kind wütend, ängstlich oder traurig zu seinen Eltern kommt und dort nicht auf ein moralisches Urteil oder erzieherische Maßnahmen trifft, sondern allein auf liebevolles Verständnis, lösen sich Kummer und Wut ganz schnell auf. Auch der Grund dafür gehört bereits der Vergangenheit an und ist schon vergessen. Auch hier ist es die *Haltung* des Einverstandenseins, die das Kind spürt und die seinen Kummer erlöst.

- Bei der Übung des Einverstandenseins geht es ganz allgemein nicht darum, auf bestimmte Erlebnis*inhalte* einzugehen. Ähnlich wie Bilder aus der Vergangenheit sind sie Symbole für ein inneres Geschehen. So geht es also weniger darum, was du erlebst, als vielmehr darum, wie du damit umgehst. Dies bedeutet natürlich nicht, dass du irgendwelche Inhalte verdrängst. Alles darf sich zeigen und in dir leben. Anstatt jedoch deine Aufmerksamkeit auf die Inhalte zu richten, bleibe bei dem, was sich an Empfindungen, Gefühlen und Reaktionen wie auch an Wünschen und Bedürfnissen damit verbindet. Nimm sie alle in die Haltung des Einverstandenseins mit hinein, während du sie gleichzeitig der Liebe und dem Verständnis deines Selbst überlässt. Auf diese Weise bleibst du in Kontakt mit deinem inneren Wesenskern und lässt dich nicht von bestimmten Erlebnisinhalten einwickeln und forttragen. Das Gefühl dafür, wer du eigentlich bist und was an authentischen Wesensanteilen in dir gelebt werden will, wird hierdurch enorm gestärkt.
- Während der Übung des Einverstandenseins könntest du in Versuchung geraten, nach deinem innersten Selbst Ausschau zu halten und womöglich nichts finden, was deiner Vorstellung entspricht. Wir haben in den bisherigen Ausführungen aus Gründen der besseren Verständlichkeit zwischen *Selbst* und *Ich* unterschieden, und wenn dein Ich sich nun aufmacht, das Selbst zu suchen, mag es nichts finden außer sich selbst. Tatsächlich ist es so, dass dein Ich im Augenblick vollkommenen Einverstandenseins mit deinem Selbst verschmilzt. Damit wird die scheinbare Trennung zurückgenommen und du kannst dein Selbst nirgendwo anders finden als in dem, was du in diesem Moment als dein Ich erlebst.

Anmerkung: Falls du eine innere, liebevolle Beziehung zu Gott, zu Jesus oder einer anderen göttlichen Wesenheit besitzt, kannst du anstatt »innerstes Selbst« diese Wesenheit benennen. Unser Selbst ist auf der tiefsten Ebene eins mit Gott. Doch gibt es viele Wege zur Verwirklichung dieser Erkenntnis. Für Menschen, die vorrangig über das Herz leben, ist der Weg der Hingabe an Gott oder an eine Manifestation des

Göttlichen der natürlichste. Das Erlebnis der Hingabe ist von einer besonderen Süße, Erfüllung und Freude gekennzeichnet, die schon den Weg begleitet und nicht erst am Ziel auf uns wartet. Die Verehrung eines weiblichen Aspekts Gottes, wie Tara oder Kuan Yin im Buddhismus, Kali, Saraswati, Lakshmi oder Durga im Hinduismus, Shekinah im Judaismus oder Maria im Christentum ist aufgrund ihrer Assoziation mit fürsorgender Liebe und Mitgefühl für die Meditation des Einverstandenseins besonders geeignet. Doch kannst du dich ebenso gut auf diese Eigenschaften in Gott, Jesus, Buddha, Krishna oder einer anderen göttlichen Wesenheit ausrichten.

Praktisches Vorgehen

Schauen wir uns nun an, wie eine Meditation des Einverstandenseins aussehen kann. Am Anfang solltest du dich dazu bequem hinsetzen oder hinlegen und die Augen schließen. Wenn du eine gewisse Übung im Einverstandensein erreicht hast, kannst du es auch in Situationen des täglichen Lebens anwenden, ohne dass du deine Tätigkeit unterbrichst.

Durch regelmäßige Ausübung der Meditation überträgt sich die Haltung des Einverstandenseins automatisch ins tägliche Leben, so dass du aus einer größeren Gelassenheit heraus handeln und dein Leben zunehmend im Einklang mit der Weisheit und Liebe deines innersten Selbst gestalten kannst. Die zunehmende Toleranz und Liebe dir selbst gegenüber überträgst du zudem auch auf andere. Was früher deinen Unmut hervorrief, dich vielleicht gar auf die Palme brachte oder in Depressionen stürzte, findet nun dein Verständnis, und du kannst angemessener reagieren. So kannst du auch schwierige Situationen leichter tolerieren und erkennen, welcher besondere Part ihnen im Spiel des Lebens zukommt und welche Chance in ihnen steckt, zu lernen und zu wachsen.

Nachdem du dir nun also einen bequemen Platz gesucht und deine Augen geschlossen hast, gib allem in dir Raum, was von sich aus in dir lebt und gelebt werden will, registriere es, ohne einzugreifen. Alles darf sein, wie es ist. Erlaube deinem Atem, zu kommen und zu gehen, wie er es von sich aus will. Erlaube deinem Körper, zu sein wie er ist, mit all seinen Empfindungen und eventuellen Verspannungen oder Schmerzen. Erlaube auch dem Wunsch nach Entspannung, nach Gesundheit, Vitalität und Lebendigkeit, in dir zu leben. Erlebe deine Gefühle genauso, wie sie von sich aus zu dir kommen, ohne dass du irgendetwas davon analysierst oder manipulierst, bevorzugst oder verdrängst, auch ohne dass du auf ihren besonderen Inhalt achtest. Auch sie dürfen einfach sein, wie sie sind. Erlaube deinen Gedanken, zu kommen und zu gehen, ohne von deiner Seite aus näher darauf einzugehen. Du brauchst jetzt auch keine Fragen zu beantworten nach dem Warum, Woher und Wohin.

Erlebe dich, wie du in diesem Augenblick bist, ohne zu werten, ohne etwas ändern zu wollen. Schließe in die Haltung des Einverstandenseins dein ganzes Wesen und Sein mit ein. Solange du sagst, diese Seite meines Wesens ist gut, sie möchte ich stärken, aber jene Seite ist schlecht, sie möchte ich überwinden, setzt du jener Kraft schon die erste Schranke, die dich zur Ganzheitlichkeit und direkten Erkenntnis führen kann, zur Quelle deiner Kreativität und Liebe. Alles, was in diesem Moment in dir lebt, hat seine Berechtigung und seinen Sinn, darf ganz und gar sein, wie es ist, darf kommen und gehen, darf sich verändern oder so bleiben, wie es ist. Dein innerstes Selbst weiß, was in dir geheilt werden muss, und es weiß auch, auf welche Weise und wie schnell diese Heilung geschehen kann. Erlaube ihm einfach, in dir zu wirken. Du brauchst es dabei nicht mit Gedanken oder Vorstellungen zu unterstützen. Dein bewusstes Ich kann es nicht besser machen als dein Selbst. Erlaube allem, was sich dir zeigt, in dir zu leben, während du deinem Selbst erlaubst, es zu heilen. Je weniger du von deiner Seite aus tust, manipulierst, eingreifst, bewertest oder zurückweist, desto besser kann dein innerstes Selbst seine Arbeit tun. Dein Einverstandensein ist die einzig nötige und beste Unterstützung.

Diese Übung wird nun wahrscheinlich eine ganze Weile reibungslos verlaufen. Vielleicht denkst du zunächst, es geschieht ja gar nichts, doch dieser Zustand mag schon nach einigen Meditationen vorbei sein. Vielleicht stürmen auch schon gleich zu Beginn alle möglichen Empfindungen auf dich ein. Manches von deinen inneren Erlebnissen wird erfreulich und angenehm sein, und durch dein Zulassen kannst du diese Seite deines Wesens tiefer erfahren und stärken. Doch werden sich früher oder später auch unweigerlich Dinge zeigen, die dir weniger angenehm sind. Das hat folgenden Grund: Die beschriebene Übung wird eine gewisse Entspannung herbeiführen, in deren Folge du die Tür zu deinem Unterbewusstsein mit etwas weniger Kraft zudrückst – die Unterdrückung der verleugneten Anteile lässt also nach, und diese beginnen sich im Zuge ihrer Lösung zu melden. Das kann in Form körperlicher Reaktionen geschehen, beispielsweise durch ein allgemeines Gefühl von Unruhe oder Unbehagen. Auch kann dein Körper hier und da mal zucken, oder du beginnst zu gähnen. Verspannungen oder Schmerzen können deutlicher hervortreten. Auf der emotionalen Ebene kann sich die ganze Palette unliebsamer Gefühle melden, von Unzufriedenheit über Angst und Trauer bis zur Wut. Auf der geistigen Ebene können sich Gedanken aufdrängen, die dir die gewünschte Ruhe rauben, auch unerfreuliche Bilder können sich zeigen.

Vielleicht erlebst du anfangs nur eine dieser Reaktionen, vielleicht zeigt sich auch ein ganzer Regenbogen an Gefühlen, Gedanken und körperlichen Empfindungen. Manches davon wird vage, anderes deutlich sein. Hier ist es nun sehr wichtig, dass du diese Erfahrungen ebenso geschehen lässt wie alles andere auch – ohne zu analysieren oder zu urteilen, ohne etwas zurückzuweisen, erreichen oder ändern zu wollen. Doch bleibe bei allem Geschehen immer bei dir, bei dem, der all dies erlebt. Lass dich von den Inhalten nicht vereinnahmen. Erlebe stattdessen, was sich an körperlichen und emotionalen Reaktionen damit verbindet und lass diese Empfindungen zu, während du sie gleichzeitig der Heilkraft deines inneren Selbst überlässt.

Hinter unliebsamen Gefühlen und Empfindungen stehen immer auch Bedürfnisse und Sehnsüchte, die negiert wurden, aber dennoch in dir existieren. Hier ist es nun ganz wichtig, dass du diese Wünsche und Bedürfnisse ebenfalls zulässt, auch wenn sie dir unerfüllbar beziehungsweise unstillbar erscheinen. Erlaube auch ihnen, in dir zu leben und sich auf diese Weise quasi deinem inneren Selbst zu präsentieren (auch wenn es sie schon lange kennt). Schließe sie in die Haltung des Einverstandenseins mit ein, ohne sie jedoch an bestimmte Vorstellungen oder Erwartungen zu binden. Beachte hierzu auch das Kapitel über die Wunscherfüllung.

Wenn ein tiefes Bedürfnis, eine Sehnsucht oder auch eine angenehme Erinnerung in dir auftaucht, darfst du das so lange geschehen lassen, bis dein Geist wieder von anderen Gefühlen und Empfindungen angezogen wird. Doch solltest du niemals versuchen, einen positiven Inhalt oder ein angenehmes inneres Erlebnis festzuhalten oder unangenehmen Inhalten auszuweichen.

Der erste Stolperstein

Tatsächlich triffst du hier auf den ersten großen »Stolperstein«: Die Gewohnheit, nur Angenehmes und Erfreuliches zuzulassen und herbeizuziehen, alles andere aber automatisch zu verdrängen. Dieser »Stolperstein« kann die Wirksamkeit aller Übungen des Einverstandenseins unterbinden, sei es in der hier beschriebenen Meditation oder in anderen Formen der Meditation oder Therapie.

Wenn sich unliebsame Erfahrungen zeigen, wird es dir wahrscheinlich gelingen, *einige* davon zuzulassen, bei denen es nicht allzu sehr »an die Substanz geht«. Sobald sich durch dein bewusstes Zulassen jedoch Schattenanteile zu lösen beginnen, welche die Grenzen deines Ich gesichert hatten, fängt das Ich an, um sein Leben zu fürchten und verstärkt die Abwehr gegen diese Erfahrungen. Oft ist die Verdrängung auch in einem solchen Maße zur Gewohnheit geworden, dass sie dir gar nicht mehr bewusst wird. Du spürst die verstärkte Abwehr oder das Festhalten an der Verdrängung recht deutlich als unangenehmes Gefühl der Spannung. Sie ist ein Hinweis darauf, zur *allgemeinen Haltung* des Einverstandenseins zurückzugehen und alle deine *Reaktionen* auf die innere Erfahrung mit einzuschließen.

Nun gibt es auch Menschen, die eine besondere Sensitivität besitzen. Diese Sensitivität kann in manchen Fällen mit einer mangelnden inneren Festigkeit und Authentizität einhergehen, durch die der betroffene Mensch vielen Fremdeinflüssen ausgeliefert ist. Gleichzeitig können in besonderem Maße Kräfte und Energien aus seinem Unterbewusstsein aufsteigen, mit denen er nur schwer umzugehen weiß. Eine außergewöhnliche Sensitivität kann aber auch Resultat einer spirituellen Entwicklung sein, in deren Verlauf Mauern abgebaut wurden, deren Schutzfunktionen überflüssig geworden sind. Wenn eine solche Entwicklung noch nicht abgeschlossen ist, kann es ebenso wie im ersten Fall durch die Meditation des Einverstandenseins zeitweise zu einer Flut verschiedener Eindrücke, Bilder und Emotionen kommen, die gleichzeitig oder in schneller Folge auftreten und dich zu überrollen scheinen.

Hier ist es besonders wichtig, dass du mit deiner Aufmerksamkeit *bei dir* bleibst, bei dem bewussten Gewahrsein, welches all diese Gefühle und Empfindungen erlebt, während du die damit verbundenen Bilder, Vorstellungen und gedanklichen Inhalte ohne sie zu verdrängen oder zurückzuweisen vorüberziehen lässt. Dies kann dir helfen, deine innere Festigkeit zu stärken und nicht auf einen »Trip« zu geraten, der dich von dir selbst und von der Wirklichkeit des Augenblicks fortführt.

Nun kann es auch geschehen, dass während deiner Meditation körperliche Empfindungen, Emotionen oder Gedanken auftreten, die in ihrer sogenannten Negativität so intensiv sind, dass sie eine besonders starke Reaktion von Angst oder Abwehr hervorrufen und du vielleicht fürchtest, ganz und gar von ihnen überflutet zu werden. Dies ist etwas anderes als die beschriebene schnelle Folge von Bildern und Gefühlen, und so gehen wir auch anders damit um.

Es gibt hierbei einen einfachen »Trick«, durch den du inmitten der brandenden Flut das Gefühl der Selbstbestimmung und damit deine innere Mitte nicht verlierst und nicht zum Spielball der Wogen wirst: Konfrontiere das Geschehen ganz direkt, geh mitten hinein, schau genau hin, um den Schattenbereich und alle damit verbundenen Gefühle ganz bewusst zu erleben, jedoch ohne zu analysieren oder zu bewerten. Du kannst zum Beispiel mit dem Schatteninhalt in einen Dialog treten und sagen: »Also gut, jetzt komm her, ich will dich nun aber ganz genau kennen lernen. Du hast so lange in einem versteckten Winkel meines Schattenbewusstseins gehaust und mein Leben hinterrücks beeinflusst. Jetzt komm heraus und zeige dich, damit ich dich bewusst erleben kann.« Drängt sich dir ein Schatteninhalt in der beschriebenen intensiven Weise auf, so ist dies immer ein Zeichen, dass das dahinterstehende Prinzip in diesem Augenblick gelebt werden will – sei es in Form von körperlichen Reaktionen oder von Emotionen, da es sich erst durch das bewusste Hereinnehmen und Erleben lösen kann. Wenn dir danach ist und es die Umstände erlauben, kannst du deine Wut auch hinausschreien, die Tränen deiner Angst oder Trauer fließen lassen, dich also gründlich austoben oder ausheulen und es dir einmal so richtig schlecht gehen lassen – was jedoch nicht bedeuten soll, dass du in deinen inneren Schmollwinkel oder gar in die Depression flüchtest. Es bedeutet einfach, dass du jetzt einmal nicht nett und freundlich sein musst, niemandem, auch nicht dir selbst, zu gefallen brauchst und somit die Schattenlösung mit allen Konsequenzen zulassen kannst. Das Durchleben des Schattens hat tatsächlich nur dann eine erlösende Wirkung, wenn du dich nicht gleichzeitig für den betreffenden Schatteninhalt oder dein Verhalten verurteilst, sondern beiden dein bedingungsloses Einverständnis gibst. Diese aktive Form der Schattenlösung ist jedoch nicht unbedingt erforderlich. Je vollständiger dein Einverstandensein ist, desto leichter kann sich der Schatten ausschließlich auf der Ebene des Bewusstseins lösen.

Wahrscheinlich wirst du merken, dass der furchterregende Schatteninhalt allein schon durch deine direkte Hinwendung eine Menge von seinem Schrecken verliert. Manchmal löst er sich auch recht schnell auf oder nimmt deine Aufmerksamkeit nicht mehr gefangen. Dann magst du denken: »Nanu, das soll es schon gewesen sein? Da muss doch noch mehr kommen. Vielleicht muss ich noch tiefer hineingehen.« Lass in einem solchen Fall auch deine Entspannung zu, freue dich an dem Stückchen Freiheit, das du dazugewonnen hast. Die Schattenlösung ist ja nur *eine* Hälfte deiner Entwicklung zur Ganzheit und im Grunde genommen ein Nebenprodukt. Die andere Seite aber ist der Zuwachs an innerem Glück, an Liebe und Freiheit, die dein eigentliches Wesen ausmachen. Durch das Zulassen auch dieser authentischen Wesensanteile können sie wachsen und sich optimal entfalten.

Hast du eine solch intensive Form der Schattenlösung einige Male durchlaufen, wirst du erleben, dass auch im täglichen Leben deine Fähigkeit zur Selbstbestimmung enorm gestärkt wurde.

Nun haben manche Menschen so viel Zurückgewiesenes und Verdrängtes in sich angestaut, dass die Schattenlösung gar kein Ende zu nehmen scheint. Sie erleben durch das Einverstandenseins zwar Momente der Erkenntnis und Befreiung, doch sind diese »Ruhepausen« nur von kurzer Dauer. Auch bei Menschen, deren Schatten geringere Dimensionen besitzt, können immer wieder Phasen auftreten, die zu dem Ausruf Anlass geben: »Hört das denn niemals auf?«

Dazu können wir nur sagen: Es hört auf. Doch wird in der Regel eine Struktur, die über Jahre oder gar mehrere Leben hinweg in dir existierte, nicht von heute auf morgen einfach verschwinden. Hier kann es hilfreich sein, dich auf deine eigentlichen Wünsche und Sehnsüchte zu besinnen, sie in dein Einverstandensein mit hineinzunehmen und sie zusammen mit deinen Schattenanteilen der Fürsorge deines inneren Selbst zu überlassen. Dadurch wächst deine Bereitschaft, jene Gefühle gehenzulassen, die trotz ihrer Negativität Vertrautheit besitzen und damit eine scheinbare Sicherheit bedeuten, und dich stattdessen auf Neues, Unvertrautes, Unbekanntes einzulassen. Außerdem darfst du dich freuen, dass so viel in dir geschieht, dass so viel bereinigt und gelöst wird, und wenn du jede Phase dieses »Putzvergnügens« mit Zustimmung und Freude begleitest, so können die inneren Putzteufel ihre Arbeit noch viel besser tun, und der Staub, den sie dabei aufwirbeln, wird dich viel weniger überschatten. Es kann in einer solchen Zeit hilfreich sein, die Meditation gemeinsam mit einem guten Freund oder einer Freundin auszuüben, eure Erfahrungen auszutauschen und euch bei den Schritten in unbekanntes Neuland und bei der Entdeckung der ehemals unter Schmutz vergrabenen Schätze gegenseitig zu unterstützen.

Wir möchten in diesem Zusammenhang auch noch einmal daran erinnern, dass Negativität allein durch unsere Negation hervorgerufen wird. Schatten entsteht erst, wenn wir dem Licht eine Grenze setzen. Dieser grundlegende Schritt der Abgrenzung kann eine Kettenreaktion von Negationen auslösen.

Nachdem unsere Seele aus der ursprünglichen Einheit herausgetreten ist und sie somit zurückweist, entsteht zum ersten Mal Angst. Die Angst projizieren wir auf den abgelehnten Lebensbereich, in diesem Fall die Einheit. Das Bewusstsein der Einheit sinkt in den Schatten und bekommt ein negatives Vorzeichen, wird beispielsweise zu etwas Nebulösem, in dem wir uns auflösen und verlieren könnten. Es gilt nun, dagegen zu kämpfen oder davor zu fliehen.

Das Paradies, das durch die Negation der Einheit verloren ging, beginnen wir im Außen oder bei anderen zu suchen. Damit machen wir uns abhängig von äußeren Bedingungen. Wir negieren weitere authentische Bewusstseinsbereiche oder Wesensanteile, um durch andere Liebe, Anerkennung oder Sicherheit zu erlangen oder einem verinnerlichten Selbstbild zu entsprechen. Die negierten Wesensanteile zu leben, wäre hingegen mit neuer Angst, beispielsweise der vor Liebesverlust verbunden. Stattdessen flüchten wir in allerlei Aktivitäten oder Ersatzbefriedigungen (arbeiten, essen, Imagepflege und ähnliches), die unsere Abhängigkeit weiter vergrößern. Es kommt zu einer Kettenreaktion von Verleugnung, Angst, Flucht und Kampf, weiterer Verleugnung und zusätzlicher Angst und so fort. Mit jeder neuen Verneinung beziehungsweise Verdrängung fügen wir dieser Kette, die unsere ursprüngliche Wesensäußerung gefangen hält, ein neues Glied hinzu. Stehen wir nun vor der Aufgabe, unsere Ablehnung zurückzunehmen, fürchten wir, das Geschehen nicht mehr in der Hand zu haben. Wir denken, irgendetwas Schlimmes würde passieren und wir müssten furchtbar leiden.

Dabei übersehen wir, dass die ganze Misere allein aus unserer Angst oder Ablehnung resultiert. Die lateinische Wurzel von »Angst« ist »angustiae«, zu deutsch Enge. Wir finden diese sprachliche Verbindung beispielsweise in dem Krankheitsbegriff der Angina Pectoris, der Brust-Enge, einer Verengung der Herzkranzgefäße, die mit starken Angstgefühlen einhergeht. Enge aber bedeutet Begrenzung und damit Ausgrenzung, Verneinung und Ablehnung. Sie also ist es, die »geheilt« beziehungsweise zurückgenommen werden muss, nicht ein bestimmter Wesensanteil oder Lebensbereich, der erst durch unsere Ablehnung eine negative Ausdrucksform angenommen hat.

Durch unser Zulassen nehmen wir die Negation auf jeder Ebene zurück. Damit werden die abgelehnten Lebensbereiche zu einer bereichernden Erfahrung bestimmter Ausdrucksformen des Lebens. Hören wir beispielsweise auf, das Alleinsein zu negieren und zu fürchten, finden wir zu uns selbst und können unsere Liebe ohne Bedingungen verschenken. Lassen wir die Möglichkeit des Versagens zu, finden wir zu dem zurück, was wir eigentlich sagen wollten. Nehmen wir den Verlust von äußerer Anerkennung in Kauf, können wir uns ganz und gar selbst anerkennen und werden frei für eine unabhängige Lebensweise. Durch das Zurücknehmen der Negation können wir jetzt endlich unseren ureigensten Ausdruck von Liebe und Kreativität zulassen, der unter unseren Ängsten verschüttet war, und diese neue innere Struktur spiegelt sich in den äußeren Lebenserfahrungen wider.

Hier wird noch einmal verständlich, warum wir die *Haltung* des Einverstandenseins gegenüber dem Akzeptieren einzelner Schattenanteile so sehr betonen. Letzteres würde bedeuten, dass wir, beginnend am äußeren Ende, alle Kettenglieder einzeln angehen. Durch die *Haltung* des Einverstandenseins können sich mehrere Kettenglieder gleichzeitig lösen. Indem wir auch die ursprüngliche authentische Sehnsucht nach Liebe, Selbstausdruck und so weiter in das Einverstandensein mit hineinnehmen, werden dieses Wesensanteile gleichzeitig gestärkt. Ist die Haltung des Einverstandenseins so vollkommen, dass sie nichts mehr ausschließt, können wir sogar die ganze Kette abschütteln, doch gelingt dies auf Anhieb nur sehr selten oder zunächst nur für kurze Zeit.

Der zweite Stolperstein

Mit diesen Informationen gehen wir nun weiter zum zweiten wichtigen »Stolperstein«, der natürlich auch beim Thema des ersten »Stolpersteins« zu beachten ist, den wir jedoch zur besseren Übersichtlichkeit getrennt anführen. An diesem zweiten »Stolperstein« können wir hängenbleiben, wenn wir zwar einen Schatteninhalt zulassen, aber die *Reaktion* abwehren, die durch dieses Zulassen hervorgerufen wird.

Nehmen wir dazu ein Beispiel: Angenommen, du lässt eine lange unterdrückte Wut auf einen nahestehenden Menschen endlich in dir zu. Diese Wut, die vielleicht eine lange Geschichte der Unterdrückung durchlaufen hat, kommt nun besonders geballt und mit wüsten Beschimpfungen und Verwünschungen gespickt heraus. Das löst die Angst aus, die Zuneigung oder Anerkennung des betreffenden Menschen zu verlieren, Disharmonie in das Zusammenleben zu tragen und zudem deinem eigenen Bild als dem eines feinsinnigen und friedliebenden Menschen nicht mehr zu entsprechen. Diese Ängste waren der eigentliche Grund, warum du die Wut so lange zurückgewiesen hast. Da du sie im Zuge deiner Meditation des Einverstandenseins nun aber zulassen willst, kann ein innerer Konflikt entstehen, in dessen Verlauf du versuchst, die Angst zurückzuweisen, um die Wut besser annehmen zu können.

Es ist sehr wichtig, diesen Mechanismus zu verstehen, denn wenn er dir bewusst ist, gibt es einen ganz einfachen Ausweg. Wir haben davon gesprochen, dass das Einverstandensein nur dann seine tiefgreifende Wirkung zeigt, wenn es nichts ausschließt. Das bedeutet in diesem Fall, dass du zusammen mit der unliebsamen Erfahrung auch alle deine Reaktionen darauf zulässt. Die Abwehr deiner Reaktion ist ein so subtiler Vorgang, dass du sie in der Regel überhaupt nicht bemerkst. Häufig ist die Reaktion auch viel unbestimmter als in dem gegebenen Beispiel. So kann sie sich nur als eine vage, undefinierbare Angst vor etwas Unbekanntem äußern. Die innere Spannung, die damit einhergeht, ist jedoch wie auch beim ersten »Stolperstein« deutlich zu spüren. Sie ist immer ein Hinweis auf eine unbewusste Abwehr oder Manipulation.

Kehren wir zurück zu unserem Beispiel und nehmen wir nun an, du erlaubst zusammen mit deiner Wut auch der Angst vor Liebesverlust, die durch das Zulassen der Wut ausgelöst wird, in dir zu leben. Nun werden Wut oder Angst vielleicht so intensiv oder die begleitenden körperlichen Empfindungen so unangenehm, dass sich ein Gefühl der Abwehr meldet. So gilt es nun, auch diese Reaktion mit in dein Einverstandensein hineinzunehmen. Dies bedeutet nichts anderes, als gerade immer das an innerem Erleben, Gefühlen und Reaktionen geschehen zu lassen, was sich in jedem Augenblick neu für dich zeigt. Diese Übung wird auch im täglichen Leben ganz enorm deine Fähigkeit fördern, im Hier und Jetzt zu leben, offen zu sein für jeden neuen Augenblick. So ist also auch hier wieder die *Haltung* des Einverstandenseins gefordert, die sich nicht nur einem bestimmten Inhalt zuwendet, sondern automatisch alles einschließt.

Der dritte Stolperstein

Kommen wir nun zum dritten und letzten »Stolperstein«. Wenn du einmal erfahren hast, wie sich durch dein bedingungsloses Zulassen ein Schmerz, eine Wut, Angst oder Trauer aufgelöst hat, mag in dir der Wunsch entstehen, das Einverstandensein speziell zu diesem Zweck zu praktizieren. Dies ist eine verständliche Reaktion. Doch weckt der Wunsch, eine unangenehme Erfahrung möge durch unser Zulassen doch bitte möglichst schnell verschwinden, eine Erwartungshaltung, die dein Erleben spaltet in das, was ist, und das, was sein soll. Damit verlässt du wiederum den gegenwärtigen Augenblick und weist die anstehende Schattenlösung zurück. Du versuchst, den zehnten Schritt vor dem ersten zu tun und bleibst in deiner Vorstellung hängen, wie es dort beim zehnten Schritt aussehen wird. Dabei vergisst du, dass dich deine Füße automatisch zum Ziel tragen, wenn du es ihnen erlaubst. Wenn du hingegen einer Vorstellung folgst, versäumst du es, wirklich loszugehen.

Sobald du spürst, dass du in einer Erwartung steckenbleibst, kehre zu dem zurück, was im Moment in dir gelebt werden will. Rufe dir noch einmal in Erinnerung, dass dein innerstes Selbst nicht nur weiß, auf welche Weise es dich zur Ganzheit führen kann, sondern auch, welche Erfahrungen du dabei zu durchlaufen hast und wie viel Zeit dies benötigt, damit deine Heilwerdung eine wirkliche ist, dauerhaft und umfassend und nicht nur eine scheinbare, die auf einer Symptomverschiebung oder neuerlichen Verdrängung beruht.

Wenn sich nun die beschriebene Erwartungshaltung bei dir einstellt, ist es jedoch ganz wichtig, dass du deinen Wunsch nicht zurückweist. Beachte auch hierbei die Hinweise zur Umgehung des zweiten »Stolpersteins« und nimm den Wunsch mit in dein Einverstandensein hinein, während du die Schattenlösung auf die notwendige Art geschehen lässt. Dies gilt für jegliche Erwartungshaltung und alle Wünsche, die sich während der Meditation des Einverstandenseins zeigen.

Vielleicht ist dir bei unseren Ausführungen aufgefallen, dass das vollkommene Einverstandensein auch ein Zulassen von scheinbaren Widersprüchen von dir fordert. Das läuft unserer Gewohnheit zuwider, ein Ziel ganz direkt zu verfolgen, gradlinig zu denken und zu handeln und alles auszuschließen, was nicht in unser Konzept passt. Dies ist jene Eigenschaft der männlichen Yang-Kraft, die in unserer Gesellschaft vorherrschend ist und die auch die Fähigkeit des Unterscheidens, Analysierens, Urteilens und so weiter mit einschließt – all jene Funktionsweisen unseres Geistes also, die wir für unsere Übung des Einverstandenseins beiseitelegen. Anstelle des üblichen »Entweder – Oder« setzen wir nun ein »Sowohl als auch«. Als Ausgleich und Ergänzung zu der überkultivierten Yang-Kraft ist hier das Prinzip des Yin gefordert, jene »weibliche« Haltung, die alles umfasst, die auch Widersprüche zulässt und in ihr liebevolles Annehmen alle Facetten des Seins mit einschließt. Dies ist die Haltung der »kosmischen Mutter«, die wir alle, ob Mann oder Frau, als Potential in uns tragen. Indem wir uns in diese Haltung einschwingen, erkennen wir schließlich die Relativität allen Seins, und das Leben wird zu einem freien und kreativen Spiel, das erst durch das Zulassen der Vielfalt Vollkommenheit erlangt.

Vielleicht haben unsere Ausführungen einigermaßen kompliziert geklungen, tatsächlich ist jedoch nur eines gefordert: Einverstandensein – in aller Schlichtheit und Einfachheit, jedoch vollständig und ohne irgendetwas auszuschließen. Wo diese Vollständigkeit durch unsere eingefahrenen Gewohnheiten gefährdet sein könnte, haben wir die Hinweise auf die entsprechenden »Stolpersteine« gegeben. So möchten wir hier die wichtigsten Punkte zum Überblick noch einmal aufführen.

Fassen wir zusammen:

1. Es geht um jene *Haltung* des Einverstandenseins, die dein ganzes Sein und Wesen mit einschließt. Durch die Haltung bedingungslosen Zulassens und Geschehenlassens all dessen, was an Eigenschaften und Wünschen, an Gefühlen und Empfindungen in dir lebt und gelebt werden will, wird die Negation zurückgenommen, der Schatten erlöst und die Erfahrung der inneren Einheit mit allem Sein ermöglicht.
2. Sei dir bewusst, dass dein innerstes Selbst in jedem Augenblick für dich wirkt. Es weiß, wie es dich zur Ganzheit führen kann, was in dir geheilt werden muss und wie schnell und auf welche Weise dies geschehen kann.
3. Es geht nicht darum, Erfahrungsinhalte zu analysieren, zu bewerten oder willentlich zu akzeptieren.
4. Auch geht es nicht darum, Erlebnisse aus der Vergangenheit »aufzuarbeiten«, die ja nur symbolisch für eine immer noch gegenwärtige psychische Struktur stehen.
5. Es geht nicht darum, bestimmte *Situationen* zu *akzeptieren*, mit denen du eigentlich gar nicht einverstanden bist, sondern *deine Reaktionen* auf die Situationen zuzulassen.
6. Anstatt deine Aufmerksamkeit auf die Inhalte des Geschehens zu richten, bleibe ganz *bei dir*, bei dem, der all diese Gefühle und Empfindungen erlebt, während du die damit verbundenen Bilder, Vorstellungen und Gedanken, ohne sie zu verdrängen oder zurückzuweisen, vorüberziehen lässt. Dies ist besonders zu beachten, falls du von einer Flut an Erfahrungen überrollt wirst.
7. Wird deine Aufmerksamkeit jedoch sehr stark von einer körperlichen Empfindung, einem Gefühl oder Ähnlichem angezogen, nimm es als Zeichen, dass dieser Bereich jetzt deine Aufmerksamkeit braucht. Erlaube dir, dorthin zu gehen und dabei zu bleiben, bis die Anziehung nachlässt und deine Aufmerksamkeit wieder frei wird.

8. Im Falle einer besonders intensiven Schattenlösung konfrontiere die auftretenden Erfahrungen ganz direkt, gehe in sie hinein und erlebe sie bewusst, während du sie gleichzeitig zur Heilung und Erlösung deinem inneren Selbst überlässt.

Stolpersteine

- Der erste »Stolperstein« besteht darin, dass du automatisch nur angenehme Erfahrungen zulassen und herbeiziehen willst, alles andere aber gewohnheitsmäßig verdrängst. Du spürst deine Abwehr als subtile Spannung. Sie ist ein Hinweis darauf, zur *allgemeinen Haltung* des Einverstandenseins zurückzugehen, die nicht wertet und nichts ausschließt. Lasse auch jene unerfreulichen Wesensanteile und Eigenschaften zu, die du normalerweise zurückweist, da sie mit Ängsten belastet sind, und schließe auch deine Sehnsüchte und Wünsche in das Einverstandensein mit ein.
- Der zweite »Stolperstein« besteht darin, dass du zwar einen Schatteninhalt zulässt, aber die Reaktionen abwehrst, die durch dieses Zulassen hervorgerufen wird. Auch diese Abwehr erlebst du als innere Anspannung. Kehre auch hier zur *allgemeinen Haltung* des Einverstandenseins zurück und lasse alles geschehen, was sich in jedem Augenblick neu für dich zeigt.
- Der dritte »Stolperstein« besteht in der Erwartung, dass durch dein Einverstandensein ein Schatteninhalt möglichst schnell verschwindet oder eine andere erwünschte Reaktion eintritt. Denke in diesem Fall daran, dass dein innerstes Selbst weiß, auf welche Weise es dich zur Ganzheit führen und Heilung bewirken kann, welche Erfahrungen du dabei zu durchlaufen hast und wie viel Zeit dies erfordert. Lass den Wunsch in dir leben, während du die Schattenlösung in der notwendigen Weise geschehen lässt.

Wenn du die Meditation des Einverstandenseins bereits über einen längeren Zeitraum hinweg geübt hast, entwickelt sich allmählich ein Gewahrsein in dir, das in manchen spirituellen Traditionen als »Zeugenbewusstsein« beschrieben wird. Du erlebst Momente, in denen du dich weder mit dem Inhalt einer Erfahrung noch mit dem Vorgang des Erfahrens identifizierst. Du erkennst, dass hinter beidem ein Bewusstsein existiert, das als »der Erfahrende« bezeichnet werden kann. Dieses Bewusstsein ist unser eigentliches Selbst. Es ist frei von allen Begrenzungen, es ist absolute Stille, Frieden und die Essenz der Liebe.

Du kannst die Entwicklung dieses Bewusstseins dadurch unterstützen, dass du darauf schaust, wer es ist, der all dies erfährt. Doch solltest du darauf achten, dass hierdurch nicht eine künstliche Spaltung in dir bewirkt wird und deine Unbefangenheit verlorengeht. Sobald dir dieses Bewusstsein jedoch leicht zugänglich ist, kannst du diese Fähigkeit während deiner Meditation des Einverstandenseins jederzeit einsetzen, wenn dir beispielsweise ein unangenehmes oder angstauslösendes Erlebnis begegnet. Auf diese Weise kann sich der entsprechende Schatteninhalt leichter und schneller lösen.

Auf den folgenden Seiten möchten wir aufzeigen, welche Wirkungen das Einverstandensein auf verschiedene Bereiche unseres Lebens haben kann und wie wir mit seiner Hilfe Heilung und ganzheitliches Wachstum in diesen Bereichen fördern können.

Heilung des Körpers

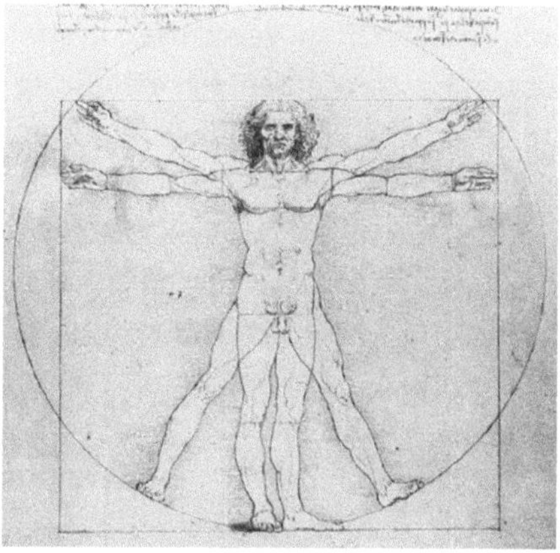

Abb. 6

»Der vitruvianische Mensch«, Leonardo da Vinci, ca. 1490

Feder und Tinte auf Papier, 24,5 × 24,5 cm, Galleria dell'Accademia, Venedig / Wikimedia Creative Commons

Wenn wir die Schöpfung als einen Tanz von Schwingungen betrachten, so besitzt unser Körper, über den sich unsere Existenz auf der physischen Ebene manifestiert, die größte Schwingungsdichte. In ihm »verdichten« sich die Schwingungsstrukturen von Geist und Seele in physisch sichtbarer Form. Gemäß dieser Erkenntnis ist es also »der Geist, der sich den Körper schafft«, wie es etwa Goethe so treffend formulierte. Die Überlegenheit des Geistes über die Materie wird im so genannten »Placebo-Effekt« auf beeindruckende Weise sichtbar: Sind wir überzeugt, eine Medizin erhalten zu haben, die unsere Krankheit heilt, können wir tatsächlich häufig eine deutliche Besserung feststellen, obgleich die Tablette nichts weiter als beispielsweise Zucker enthielt. Unsere innere Einstellung veränderte hierbei die physische Struktur in einer Weise, dass Heilung möglich wurde.

Wir wollen nicht von der Hand weisen, dass Krankheit auch rein physische Ursachen haben kann, wie ein Mangel an lebenswichtigen Vitalstoffen und ungesunde Ernährung, mangelnde Bewegung oder ein Übermaß an Giftstoffen in Nahrung, Wasser und Umwelt. Eine Änderung dieser Faktoren kann oft Wunder wirken.

Doch bleiben auch Menschen, die sich vorbildlich ernähren, in einer reinen Umwelt leben und sich ausreichend körperlich bewegen, nicht gänzlich von Krankheiten verschont. Neben den genannten Faktoren besitzt unsere gesamte Lebenseinstellung einen ausschlaggebenden Einfluss auf unser körperliches Wohlbefinden. Leben wir auch seelisch im Einklang mit den natürlichen Gesetzmäßigkeiten des Lebens, lassen Ganzheit zu, ohne immer wieder Anteile zu verneinen und zu verdrängen, manifestiert sich diese Haltung im Körper als Gesundheit und physische Lebenskraft, während sich Einseitigkeit und die damit einhergehende Disharmonie in Form von körperlicher Krankheit äußern kann.

Nun gibt es viele Menschen, die sich als gesund betrachten, deren Leben jedoch bei weitem nicht frei ist von Disharmonie und Einseitigkeit. Dazu gibt es zweierlei zu sagen: Zum einen wird der Begriff der Gesundheit heute von vielen ganzheitlich denkenden Experten sehr viel umfassender definiert als in der üblichen »Abwesenheit von Krankheit«. Gemäß diesem Verständnis gehört zur Gesundheit ein tiefes, von äußeren Bedingungen unabhängiges, inneres Glück, eine natürliche Haltung der Gelassenheit, die Fähigkeit zur kreativen Gestaltung des Lebens und eine Lebenshaltung, die in Problemen eine willkommene Herausforderung zum Wachstum erkennt. Eine solche Definition unterscheidet sich weitgehend von dem gängigen Gesundheitsbegriff.

Zum anderen äußern sich geistig-seelische Probleme häufig erst dann in Form von körperlichen Erkrankungen, wenn wir die Botschaft, dass etwas nicht stimmt, nicht beachtet und sie zusammen mit dem Problem erfolgreich aus unserem Bewusstsein verdrängt haben. Über kurz oder lang taucht nun das Problem an anderer Stelle, beispielsweise als körperliches Krankheitssymptom, aus der Versenkung wieder auf, um sich nun im stofflichen Bereich Aufmerksamkeit zu erzwingen. Das Symptom ist jedoch nur letztes Glied in jener Kette von Negationen, die wir im vorausgegangenen Kapitel beschrieben haben.

Die Ursachen für Krankheiten sind vielfältig und komplex und fügen sich nicht immer reibungslos in die aufgezeigten Mechanismen ein. Dennoch tragen die Symptome nicht selten ganz spezifische Botschaften in sich, die mit dem verdrängten Problem unmittelbar korrespondieren. In diesem Fall kann uns Krankheit als Spiegel dafür dienen, in welchen Bereichen wir einen authentischen Lebensausdruck negiert haben.

Nehmen wir zur Verdeutlichung einige konkrete Beispiele: Du hast aus Angst davor, deinen Partner zu verlieren, viele deiner Gefühle verleugnet, hast dich eingeschränkt, dich angepasst und damit den freien Ausdruck deiner Gefühle negiert. Damit hast du auch den Zugang zu den authentischen Gefühlen deines tieferen, wahren Selbst blockiert. Deine Gefühle frei fließen zu lassen ist nun mit Angst besetzt. So verdrängst du sie in den Schatten und die ursprüngliche Sehnsucht nach einem Austausch von Liebe verwandelt sich in ein Besitzenwollen, Eifersucht oder Ähnliches. Die Einschränkung und Beengtheit in deinem Gefühlsleben projizierst du nach außen: Dein Partner liebt dich nicht wirklich oder respektiert dich nicht. Möglicherweise lebt diese innere Struktur schon länger in dir, und du hast einen Partner angezogen, der dich darin zu bestätigen scheint. Obwohl dich deine ganze Situation darauf hinweisen will, Liebe *in dir* zuzulassen, sucht du die Gründe für den schmerzhaften Mangel weiterhin in der Umwelt. Auch begreifst du nicht, dass deine Liebe nicht frei fließen kann, solange du sie an Bedingungen knüpfst. Schließlich wird das Problem in den Körper abgeschoben, du ziehst dir ein Krankheitssymptom zu, durch das du das Prinzip von Einschränkung und Enge nun auf der körperlichen Ebene ganz direkt erlebst – beispielsweise in einer Verengung der Herzkranzgefäße.

Fühlst du dich durch eine Krankheit schlapp und lustlos, magst du auf der psychischen Ebene echte Lebendigkeit nicht zulassen. Vergiftet ein verborgener Eiterherd deinen Körper, so verschließt du womöglich deine Augen davor, dass du selbst im Verborgenen gegen etwas »giftest«, während es deinen Gefühlen oder deinem Verhalten an »Reinheit« und »Klarheit« mangelt.

Auf ähnliche Weise können Krankheitssymptome ganz spezifische Botschaften enthalten.

Nun wird in der Regel die Krankheit als ebenso lästig empfunden wie das dahinterstehende Problem, weshalb auch die Schulmedizin vorrangig damit beschäftigt ist, Symptome zu beseitigen. Hierdurch kommt es häufig zu einer Verschiebung des Krankheitsbildes in andere körperliche Bereiche, zu einer Verschlimmerung auf der psychischen Ebene oder zu einem Wiederaufflammen des Symptoms in einer heftigeren Form. Nebenwirkungen durch Medikamente können weitere Folgen sein.

Dies alles ist ein nicht zu übersehender Hinweis darauf, dass Heilung nicht mit der Beseitigung des Symptoms gleichzusetzen ist, sondern allein durch ein Zurücknehmen der Trennung von unserem tieferen, ganzheitlichen Sein vollzogen werden kann. Doch wollen wir mit diesen Aussagen nicht die Errungenschaften der Medizin schmälern, die als »erste Hilfe« Wertvolles leisten und gegebenenfalls einen Heilungsprozess auf der körperlichen Ebene unterstützen kann.

Eine wichtige unterstützende Maßnahme ist zweifellos die Versorgung des Körpers mit allen essenziellen Nährstoffen, die er zur Heilung braucht. Tatsächlich verabschiedet sich manch eine Krankheit allein durch diese einfache Maßnahme. Reicht sie nicht aus, so können wir davon ausgehen, dass ein seelisches Problem dahintersteht.

Hast du dir ein solches Krankheitssymptom »zugezogen«, so geht auch hier der verlässliche Weg zur Heilung über das Einverstandensein. Damit deine Heilung tiefgreifend und umfassend ist, solltest du jedoch nicht versuchen, mit Hilfe des Einverstandenseins allein das Symptom zum Verschwinden zu bringen, obwohl dies unter bestimmten Voraussetzungen gelingen kann. Es geht auch hier vorrangig um die *allgemeine Haltung* des vollkommenen Einverstandenseins. Mit ihrer Hilfe nimmst du nicht nur die Verdrängung des zugrunde liegenden Problems und damit die Verschiebung in den Körper zurück, du hebst auch die Negation auf, aus der das Problem resultierte und der negierte Bereich kann nun in seiner erlösten Form spontan gelebt werden.

Was sich hier so einfach anhört, erfordert jedoch den Mut, sich auf Neues einzulassen und die vertrauten Strukturen zu verlassen, die sich vielleicht über Jahre hinweg gebildet haben, bis sie schließlich in Form physischer Krankheitssymptome sichtbar wurden. Hat das Symptom lange gebraucht, um sich im Körper »einzuritzen«, ist es also chronisch geworden, so wird auch die körperliche Heilung in der Regel längere Zeit in Anspruch nehmen. Chronischen Krankheitsbildern liegt oft ein »chronisches« Problem zugrunde, und eine tiefgreifende und dauerhafte Änderung des korrespondierenden Verhaltensmusters kann nur äußerst selten von heute auf morgen vollzogen werden.

Doch ist Krankheit immer eine Chance zur Rückbesinnung. Ist der Leidensdruck groß genug, kann er dich für tiefgreifende innere Veränderungen bereit machen, die du »freiwillig« nicht vollziehen würdest, durch die dein Leben jedoch ein Maß an Ursprünglichkeit und Freiheit, an Gefühlstiefe und Lebendigkeit gewinnen kann, von dem du vielleicht nicht einmal zu träumen gewagt hättest.

Steht einen solche Veränderung auf deinem Lebensweg an, kann die Seele auch absichtlich eine Krankheit herbeiziehen, ohne dass eine spezifische Verdrängung dahintersteht. In diesem Fall ist sie bereit für einen weiteren Schritt in ihrer Entwicklung, und die Krankheit dient dem spezifischen Zweck, dich aufzuschrecken und aus eingefahrenen, einschränkenden Verhaltensmustern herauszuführen. Ist die Krankheit lebensbedrohlich, kann sie dir beispielsweise den Wert des Lebens und die Schönheit der Schöpfung wieder vor Augen führen. Sie kann eine Hinwendung zu deinem höheren Selbst oder einer höheren Weisheit einleiten, die jenseits deiner persönlichen Probleme existiert und dich in die Harmonie mit allen Leben zurückführt.

Wir möchten auch hier noch einmal darauf hinweisen, medizinische Hilfe nicht unbedingt auszuschließen. Manchmal kommt eine solche Hilfe gerade dann, wenn ein evolutionärer Schritt vollzogen wurde.

Nun wollen wir einen letzten Punkt nicht unerwähnt lassen. Wenn wir davon ausgehen, dass sich unsere Seele über viele Inkarnationen hinweg zu einer höheren Daseinsform entwickelt, so können wir letztendlich auch karmische Ursachen für eine Krankheit nicht ausschließen. Dies mag beispielsweise der Fall sein, wenn eine Krankheit von Geburt an existiert oder uns ein Leben lang begleitet. Ein solches Karma ist nicht als Strafe gedacht. Es ist eine ausgleichende Kraft und dient ebenso wie die zuvor aufgezeigten Fälle der Rückführung zu unserem ursprünglichen Sein.

Auch kann unsere Seele absichtlich eine Krankheit angezogen haben, um eine spezifische Lernaufgabe zu erfüllen.

Wo immer die Ursache liegen mag, das Einverstandensein ist in jedem Fall ein wunderbarer Helfer auf dem Weg zu einer umfassenden Ganzwerdung.

Heilmeditation

Wie also gehst du im Falle einer Krankheit nun praktisch vor? Beginne zunächst mit der Meditation des Einverstandenseins, so wie wir sie im vorhergehenden Kapitel dargelegt haben. Hierbei ist es sehr wahrscheinlich, dass deine Aufmerksamkeit früher oder später von den Schmerzen oder sonstigen körperlichen Empfindungen angezogen wird, die mit deinem Krankheitssymptom einhergehen. Ist dies nicht der Fall, so wird es genügen, wenn du die Meditation in der beschriebenen Weise ausführst und in die Haltung des Einverstandenseins deine Krankheit mit einschließt. Die wertfreie Anerkennung deiner Krankheit ist eine wichtige Voraussetzung zur Heilung. Wehrst du die Krankheit ab oder verurteilst du sie, fügst du nur der Kette der Negationen, die dich schon zur Genüge bindet, ein weiteres Glied hinzu.

Erlaube also deinem Krankheitssymptom, in deinem Körper zu leben – und zwar genau so, wie es dies von sich aus will. Auch dieses Symptom hat seine Berechtigung und seinen Sinn, den es jedoch nicht erfüllen kann, wenn du es zu verdrängen versuchst. Wird deine Aufmerksamkeit von einem Schmerz sehr stark angezogen, kannst du dich, ähnlich wie bei den emotionalen »Schmerzen« beschrieben, direkt damit konfrontieren und mit deiner Aufmerksamkeit mitten hineingehen, bis die Anziehung nachlässt. Dies hilft der damit verbundenen körperlichen Spannung, sich zu lösen, so dass deine Energien in diesem Bereich wieder freier fließen können. Nicht selten verschwindet eine akute Verkrampfung oder ein Schmerz allein durch dieses vollständige, urteilsfreie Einverstandensein. Setzt du deinem Schmerz oder allgemein deiner Krankheit einen Widerstand entgegen, kann dies die Blockade im betroffenen körperlichen Bereich verstärken. Dein Einverstandensein öffnet diesen Bereich hingegen für die natürlichen Heilkräfte. Löst sich der Schmerz oder ein Krankheitssymptom durch diese direkte Hinwendung nicht auf, steht ein tieferes Problem dahinter.

Um es zu lösen, solltest du dein Einverstandensein weiter ausdehnen. Beziehe in die Haltung des Einverstandenseins auch alle Gefühle mit ein, die sich mit dem Krankheitssymptom verbinden; erlaube auch deinen Ängsten, deiner Abwehr, deinem Unmut über die Krankheit, in dir zu leben. Sobald du merkst, dass es etwas in deinen Emotionen gibt, was du doch lieber verdrängen möchtest, schließe auch diesen Bereich ganz bewusst mit ein. Auf diese Weise können dich deine Gefühle, wo immer es nötig ist, zu dem zugrunde liegenden Problem führen. Du magst spüren, wo du ureigenste Energien oder Gefühle negiert hast und welche negativen Vorzeichen sie hierdurch angenommen haben

Lass diesen Prozess spontan geschehen, so wie er von sich aus geschehen will. Denke daran, nicht zu analysieren, zu bewerten oder zu manipulieren. Für eine *Lösung* dieser Probleme ist es nicht notwendig, die inneren Zusammenhänge genau zu erkennen, sondern einzig und allein in der Haltung des Einverstandenseins jegliche Negation zurückzunehmen und deinem ursprünglichen Wesen zu erlauben, in dir zu leben und sich zu äußern. Überlasse deine Krankheit ebenso wie deine Ängste und Negationen der heilenden Kraft deines innersten Selbst. Lass zu, dass es die »Verzauberung« deiner Gefühle aufhebt und dich zu ihren authentischen Ausdrucksformen zurückführt. Vertraue darauf, dass es dich spontan zu jenen Erkenntnissen und Bewusstwerdungsprozessen führen wird, die für eine ganzheitliche Heilung tatsächlich vonnöten sind. Je weniger du selbst dazu tust, desto vollständiger kann seine Führung und deine Heilung sein.

Vielleicht wird deine Krankheit zu einem Tor in ein neues Leben, durch das du dich ohne ihre »tatkräftige« Hilfe nie hindurchgewagt hättest. Dann hätte sie ihre Funktion mehr als erfüllt und könnte nicht nur einfach verschwinden, sondern sich als hilfreicher Lehrmeister verabschieden.

Heilung der Gefühle

Unsere Gefühle bestimmen das Maß unseres Glücks, unserer Lebendigkeit und Zufriedenheit im Leben. Diese Aussage gilt unvermindert auch für jene Lebensbereiche, die eher unserem Körper oder unserem Geist unterstehen. Auch hier ist es das *Gefühl*, das sich mit einer Handlung, einer Erkenntnis oder einer Leistung verbindet, das diese erst zu einem unmittelbar erlebten Wert für uns macht, auch wenn dieses Gefühl für uns nicht immer bewusst im Vordergrund steht. So setzen wir all unsere Fähigkeiten ein, um unser Selbstwert*gefühl* zu steigern, uns sicher oder glücklich zu *fühlen*. Haben wir etwas erreicht, so ist es das *Gefühl* der Zufriedenheit oder des Sieges, das für uns zählt. Gleichzeitig tun wir alles, damit uns unsere *Gefühle* der Angst, der Unfähigkeit oder der Einsamkeit nicht das Lebensglück rauben.

Nirgendwo tritt auch die Subjektivität unserer Wahrnehmung so deutlich zutage wie in der Verbindung mit unseren Gefühlen. Sind wir glücklich, erscheint uns das Leben wunderbar, und auch die trüben Tage besitzen einen besonderen Duft. Überfällt uns die Traurigkeit, erscheint uns die Welt grau und trist. Selbst der strahlendste Sonnenschein und der fröhlichste Vogelgesang können an dieser Empfindung nichts ändern.

Während wir erwünschte Gefühle herbeiführen wollen, wehren wir unerwünschte Gefühle ab. Indem wir Leiden zurückweisen, hoffen wir, die »schlechte« Hälfte des Lebens zu umgehen, doch ist es die Ganzheit des Lebens, die uns entgeht, denn die Wirklichkeit ist unteilbar. Gleichzeitig richten wir unsere Aufmerksamkeit auf die äußere Gestaltung unseres Lebens, denn wir meinen, das Gefühl von Freude und Zufriedenheit hinge von äußeren Umständen ab, von Erfolg oder Niederlage, von dem Maß an Liebe und Anerkennung, die wir erhalten. Dabei übersehen wir, dass die Fähigkeit, Liebe und Freude zu empfinden, eine Eigenschaft unseres innersten Selbst ist, die immer gegenwärtig in uns lebt. Um sie zu wecken, bedarf es allein einer Öffnung von unserer Seite, eines Loslassens von den Begrenzungen des Ich, wie wir es beispielsweise in der Hingabe an einen anderen Menschen, im Augenblick einer Wunscherfüllung oder einer besonderen Erkenntnis erleben.

Diese Momente sind jedoch meist nur von kurzer Dauer, da unser Ich sogleich die Angst mit ins Spiel bringt, das Glück wieder zu verlieren. In der Erinnerung binden wir nun das Glück an die äußeren Umstände oder die Menschen, durch die unsere Erfahrung ausgelöst wurde. Wir glauben, die gleiche Erfüllung zurückholen zu können, indem wir dieselben Bedingungen noch einmal inszenieren.

Glück und Angst hängen jedoch allein von unserer Einstellung ab, von unserem inneren »Ja« oder »Nein« zu dem, was wir im Augenblick sind und erleben. Je vollkommener das »Ja«, desto größer ist das Glück. Je vollständiger das »Nein«, desto schmerzlicher sind Unglück und Angst. Doch sind wir es gewohnt, unser bedingungsloses »Ja« nur für sorgfältig ausgewählte Eigenschaften, Gefühle, Erlebnisse und Situationen aufzusparen, während wir mit dem »Nein« recht verschwenderisch umgehen.

Während unser »Ja« Grenzen auflöst und uns der inneren Einheit entgegenführt, ist es unser »Nein«, das Grenzen setzt, das Angst, Trauer, Einsamkeit, aber auch Wut und Aggressionen zur Folge hat. Indem wir diese als negativ empfundenen Emotionen wiederum verneinen, verstärken und nähren wir sie, denn in unserer neuerlichen Negation liegt die gleiche Art der Energieschwingung, die gleiche Schwingung des »Nein«, die unsere authentischen Gefühle erst in negative Emotionen verwandelte. Setzen wir dem ursprünglichen »Nein« aber ein »Ja« entgegen, kann diese neue Schwingung die Negativität aufheben.

Sobald du also beginnst, deine Gefühle einfach zuzulassen, wie sie sind, beginnst du nicht nur, ehrlicher zu sein; die negativen Energien beginnen sich auch zu verwandeln und finden zu ihrer authentischen Ausdrucksform zurück. Zunächst mögen sie jedoch – von ihren Fesseln befreit – in ihrer ganzen Intensität in dein Bewusstsein treten. Es ist wie das Aufbrechen eines Furunkels im Zuge eines natürlichen

Reinigungsprozesses: Wir erkennen zunächst nur die freigesetzten Gifte – Emotionen, die uns zu überfluten scheinen. Je größer jedoch unsere Bereitschaft ist, uns durchströmen zu lassen, desto eher merken wir, dass wir von all jenen Ausdrucksformen der Energie gereinigt und befreit werden, die nutzlos und unbrauchbar geworden sind.

Im Prozess dieser Klärung und Reinigung kann unsere Wut nun dazu dienen, jene inneren Blockaden zu durchbrechen, die unser eigentliches Wesen begrenzen und seinen freien Ausdruck unterbinden. Die Tränen der Trauer können gefühlsmäßige Verkrampfungen lösen und emotionale Gifte fortschwemmen. Tränen, die nicht durch eine mechanische oder chemische Reizung, sondern durch Emotionen hervorgerufen werden, weisen tatsächlich eine hohe Konzentration an Giftstoffen auf – ein Zeichen, dass gleichzeitig der Körper gereinigt wird. Angst kann uns zeigen, wo wir so eng geworden sind, dass wir stagnieren und nicht mehr mit unseren Gefühlen und den Ereignissen im Leben fließen. Doch können all diese Emotionen ihre Aufgabe nicht erfüllen, solange wir sie negieren und als etwas Unerwünschtes zurückweisen.

Gefühle und ihre Schatten

Zur Verdeutlichung dieser Zusammenhänge möchten wir die wichtigsten Gefühle und ihre Schattenaspekte im Folgenden ausführlicher behandeln: Vertrauen mit seiner Schattenseite der Angst; Selbstbestimmung und das Bedürfnis, uns zu behaupten, mit seinen negativen Ausdrucksformen der Wut und Aggression; Liebe mit ihren »verzauberten« Formen der Eifersucht und des Hasses, der Trauer und der Einsamkeit. Und auch zur Depression wollen wir einige Gedanken hinzufügen.

Beginnen wir mit dem Komplex Vertrauen – Angst und unserem Wunsch nach Sicherheit, nach Dauer und Verlässlichkeit, der damit einhergeht. Bevor wir noch unser Herz öffnen, soll unser Leben auf einer sicheren Grundlage stehen. Doch schon das Bedürfnis nach

Sicherheit zeigt einen Verlust des Vertrauens an, der es außerordentlich schwer macht, eine solche Basis herzustellen.

Angesichts eines Lebens, das ständige Unsicherheit mit sich bringt – unser Partner kann uns verlassen, unser Arbeitgeber kündigen, wir können in jedem Augenblick verletzt oder sogar ausgelöscht werden –, scheint es nun besonders wichtig, uns gegen alle möglichen Gefahren abzusichern. Unsere Gesellschaft erklärt sich mit diesem Bedürfnis konform und bietet uns allerlei Möglichkeiten dazu an. So gibt es nicht nur gesellschaftlich sanktionierte Regeln und Verhaltensweisen, deren Befolgung uns soziale Anerkennung und damit ein Gefühl der Sicherheit verspricht; wir können auch ganz direkt gegen Krankheit, Unfall, Brand und etliche weitere Schicksalsschläge eine Versicherung abschließen. Zu unserem Bedauern ist es jedoch unmöglich, uns gegen das Leben selbst zu versichern, gegen die Veränderungen, die es mit sich bringt, gegen das Unvorhersehbare und Unkontrollierbare. Paradoxerweise wächst das Gefühl der Unsicherheit auch noch im gleichen Maß, wie wir auf Sicherheit versessen sind.

Während es im äußeren Leben vor allem unvorhersehbare oder unerwünschte Ereignisse sind, die als Angstauslöser dienen, ist es im psychischen Bereich alles Unvertraute und Unbekannte. Hier haben wir jedoch in einem gewissen Rahmen die Wahl, uns darauf einzulassen oder nicht, den sicheren Boden zu verlassen und uns für Neues zu öffnen oder die eingefahrenen emotionalen Muster und Verhaltensstrukturen unablässig zu wiederholen. Meist entscheiden wir uns für das Letztere und halten auch an negativen Mustern allein deshalb fest, weil sie Vertrautheit besitzen. Der Gedanke, sie aufzugeben, ist mit Angst verbunden. Doch was wir hierbei spüren, ist nichts anderes als unsere eigene »angustiae«, unsere Enge, die uns von vornherein bestimmte Erfahrungen ausgrenzen und abwehren lässt. Diese Erfahrungen verwandeln sich dabei in bedrohliche Schattenwesen, die unsere Abwehr zu rechtfertigen scheinen und die Angst verstärken.

Schauen wir uns die Angst einmal genauer an, erkennen wir, dass sie immer auf einer Eventualität beruht, einem »Es könnte sein, dass …« Meist richtet sie sich dabei in die Zukunft, und sei diese Zukunft auch nur der nächste Moment. Wenn wir stürzen, ist die Angst da, uns gleich wehzutun. Steigen unbekannte Emotionen in uns auf, überfällt uns die Angst, sie könnten unser Leben in unerwünschter Weise beeinflussen. Verlässt uns der Partner, weckt das die Angst, allein zu bleiben und unglücklich zu werden. Sind wir dann unglücklich, bekommen wir es mit der Angst zu tun, dass dies nie wieder aufhören könnte. Ändern wir unser Verhalten, beschleicht uns die Angst, wir könnten dem anderen nicht mehr gefallen. Mangelt es uns an Selbstvertrauen oder Energie, fürchten wir, im Leben nicht zurechtzukommen. Auch die sogenannte unbestimmte Angst, die manchen Menschen ein ständiger Begleiter ist, hat einen definitiven Inhalt, den wir jedoch nicht erkannt oder mit Erfolg verdrängt haben. Während wir also Angst im Augenblick sehr konkret erleben, bezieht sie die Berechtigung für ihr Dasein aus einer Möglichkeit beziehungsweise aus der Zukunft und damit aus einer Vorstellung, mag diese Vorstellung auch auf früheren Erfahrungen beruhen.

Angst bedeutet also, Vorstellungen auf die Wirklichkeit zu projizieren, die den gegenwärtigen Augenblick stehlen, indem sie uns die Illusion künftiger Schrecken ausmalen. Die Angst lehnt die Wirklichkeit des aktuellen Augenblicks ab.

Das Einverstandensein lässt uns hingegen zunehmend im Jetzt leben, lässt uns jede Sekunde neu erfahren und lässt der Angst damit keinen Raum. Bleiben wir mit unserem bewussten Erleben einfach im gegenwärtigen Augenblick, verliert die Angst jeglichen Stützpunkt: Sie kann nur aufhören zu bestehen.

Wenn du also Angst verspürst, sei es aus konkretem Anlass oder aus einem undefinierbaren Grund, komm bewusst in das Jetzt zurück, schau dir an, wie dein Leben in diesem Moment aussieht. Schließe in einer Haltung des Einverstandenseins alles ein, was hierbei in dein Bewusstsein tritt. Nimm auch deine Angst und andere Gefühle mit in diese Haltung hinein; erlebe sie so, wie sie sich in jedem Augenblick neu für dich zeigen. Bleib dabei weiterhin bewusst im Jetzt und sei dir bewusst, dass dich dein innerstes Selbst in jedem Augenblick führt und leitet.

Angst löst besonders starke körperliche Reaktionen aus. Fällt es dir schwer, dich von den Vorstellungen, die deine Angst begleiten, zu lösen, ist es eine Hilfe, deine Aufmerksamkeit auf die körperlichen Reaktionen zu richten. Erlebst du diese Reaktionen nun, ohne zu werten, wird der *Inhalt* der Angst dein Bewusstsein immer weniger vereinnahmen. Du erlebst, dass es allein *deine* Reaktion ist, *deine* Vorstellung und Bewertung einer Situation, die das Gefühl der Angst hervorgerufen hat. Da nun der Angelpunkt für deine Angst allein aus einer Möglichkeit besteht, verflüchtigt sie sich, sobald du zur Realität des Augenblicks zurückkehrst, sei es auch nur zu deinem klopfenden Herzen, deinen zitternden Händen oder deinen schlotternden Knien. Auch diese Begleiter der Angst lösen sich, verlassen von der Vorstellung projizierter Schrecken, sehr schnell auf.

Ist die Angst mit Erlebnissen aus der Vergangenheit verbunden, beziehe auch deine Reaktionen auf diese Erlebnisse, soweit sie von sich aus in dein Bewusstsein treten, in dein Einverstandensein mit ein. Doch denke daran, dass es nicht darum geht, die Vergangenheit aufzuarbeiten. Die Angst ist im gleichen Augenblick vorbei, in dem du ganz im Hier und Jetzt lebst – bereit, dich für die Wirklichkeit der Gegenwart zu öffnen, für jede neue Erfahrung, für jede Variation im Spiel des Lebens.

Sobald du mit deinem ganzen Sein die Unsicherheit zulässt, erfährst du eine vollkommene innere Sicherheit. Indem du dich dazu entschließt, auch die unbekannten, unvorhersehbaren Bereiche zuzulassen und als eine neue bereichernde Erfahrung willkommen zu heißen, hebst du jegliche Enge auf, und die Angst hat keine Nahrung mehr. Vertraue dich bei diesem Prozess in jedem Augenblick der liebenden, fürsorgenden Energie deines Selbst an.

Betrachten wir als Nächstes unser Bedürfnis, das Leben zu meistern, uns zu behaupten und durchzusetzen. Dieses Bedürfnis spiegelt den authentischen, tieferen Wunsch nach einem ungehinderten kreativen Selbstausdruck im Einklang mit den natürlichen Kräften der Evolution und des Lebens.

Haben wir nun die Erfüllung dieses Wunsches an eigene Vorstellungen und Bedingungen geknüpft, die mit den Gegebenheiten in unserer Umwelt, den Vorstellungen und den Wünschen anderer oder auch mit unserem derzeitigen Selbstbild kollidieren, werden seine Schattenaspekte ausgelöst: Ärger, Aggression und Wut.

Hierbei ist Ärger noch die mildeste Reaktion. Wir mögen uns ärgern, wenn eine Arbeit nicht auf Anhieb klappt, wenn unser Mitarbeiter einen wichtigen Ordner verlegt hat oder unser Kind Ketchup auf den frisch shampoonierten Teppich kleckert. Bei einem solchen Ärger möchten wir dazu raten, das Einverstandensein auf die äußere Situation auszudehnen. Wenn wir anerkennen und akzeptieren, dass nicht immer alles nach unseren Wünschen geht oder wie am Schnürchen läuft, gewinnen wir eine innere Gelassenheit, aus der heraus wir sehr viel leichter nach einer Lösung suchen können. Doch sollten wir auch in solchen Situationen unseren Ärger nicht unterdrücken. Wir können ihn in unser Einverstandensein mit einschließen, ohne ihn jedoch nach außen zu tragen.

Reagieren wir schon bei geringen Anlässen mit Aggression, sitzt die Ursache meist tiefer, und das Bedürfnis, die Ereignisse zu bestimmen, ist größer. Aggression ist in der Regel ein »Schattenkampf«, bei dem wir versuchen, durch Angriff oder Kontrolle der Umstände oder Ereignisse unsere nach außen projizierten Schattenbilder und verleugneten Ängste in den Griff zu bekommen oder zumindest die damit einhergehende Spannung abzureagieren. Der aggressive Mensch sagt: »Ich will, dass die Dinge und Umstände genauso sind, wie ich mir das vorstelle, und dass meine Mitmenschen sich nach meinen Anweisungen richten.«

So kann sich zum Beispiel eine verleugnete Angst vor Kontrollverlust in einem ständigen Kampf um Ordnung und Sauberkeit äußern, dem sich die ganze Familie unterzuordnen hat.

Vielleicht identifizierst du dich auch mit dem Image eines erfolgreichen Menschen und setzt alles daran, diesem Selbstbild zu entsprechen. Dieses Ziel mag beispielsweise aus dem Wunsch entstanden sein, deinem Vater zu imponieren oder ein Gefühl der Minderwertigkeit zu kompensieren. Gleichzeitig hast du die leichte, spielerische Seite des Lebens in den Schatten gedrängt. Würdest du ihr nachgeben, müsstest du dich der Angst stellen, als Versager zu gelten, als jemand, der es zu nichts gebracht hat.

Nun wirst du dauernd mit unvorhergesehenen Ereignissen konfrontiert: Dein Mitarbeiter wird krank, seine Vertretung ist ein »fauler Sack«, statt zu arbeiten trinkt er lieber Kaffee und flirtet mit der Sekretärin. Dann fängt auch noch der Computer an zu spinnen und folgt nicht mehr deinen Kommandos. Der Fachmann, den du zu Rate ziehen willst, feiert gerade seinen Geburtstag. Er ist bereits beschwipst und weigert sich zu kommen. Statt dich darauf zu besinnen, was diese Zeichen dir sagen wollen, reagierst du mit Ärger und Aggression.

Auch aus diesem Dilemma führt der Weg über das Einverstandensein, das jedoch wieder alles mit einschließen sollte: Indem du die Aggression als *deine* Reaktion erlebst und zulässt, nimmst du die Projektion zurück und kannst leichter erkennen, welche Angst sich hinter deiner Reaktion versteckt. Im Zulassen dieser Angst nimmst du den Widerstand gegen den angstbesetzten Wesensanteil zurück und findest zu dem, was unabhängig von den Erwartungen deines Vaters oder deinem aus der Kompensation deiner Minderwertigkeitsgefühle gebastelten Selbstbild, als dein ureigenster Ausdruck in dir gelebt werden will. Du gewinnst die freie Selbstbestimmung über dein Leben zurück. Vielleicht merkst du erst jetzt, dass dir deine Arbeit eigentlich einen enormen Spaß macht und dass du gar nichts anderes tun willst. Möglicherweise wird dir aber auch bewusst, dass du bisher nur für andere gelebt hast, und schaust dich langsam nach einer anderen Aufgabe um, die deinem eigentlichen Wesen mehr entspricht.

Auf jeden Fall kannst du nun erkennen, dass es gerade das Unvorhersehbare ist, welches das Leben in ein spannendes Spiel verwandelt, das niemals langweilig wird. Statt Kontrolle auszuüben und dich abzusichern, kannst du ebenso gut mit dem Leben fließen und dich für die immer neuen Wunder öffnen, die du jeden Augenblick an seinen vorüberziehenden Ufern erblickst.

Kommen wir zum intensivsten Ausdruck unseres Unmuts, der Wut. Wir reagieren mit Wut, wenn Energien, Gefühle und Wünsche, die uns sehr wichtig und bedeutsam erscheinen, blockiert wurden, sich angestaut haben und nun die Blockade durchbrechen wollen. Dann mag der geringste Anlass genügen, um die Wut aufflammen zu lassen. Hinter der Wut steht der ohnmächtige Versuch, die Behinderung zu beseitigen, die sich unseren Wünschen oder unserem freien Selbstausdruck entgegenstellt. Diese Behinderung kann von außen kommen oder aus eigenen Blockaden resultieren, wobei auch die äußere Manifestation oft eine innere Blockade spiegelt.

So können dich beispielsweise Schuldgefühle daran hindern, »Nein« zu sagen und dich stattdessen dazu verleiten, immer wieder zu tun, was *du* eigentlich gar nicht willst. Möglicherweise hast du auch noch einen Menschen angezogen, der dich in dieser inneren Struktur bestätigt, indem er dir immer wieder die Schuld für seine Unzufriedenheit in die Schuhe schiebt und eine ständige Wiedergutmachung von dir erwartet. Deine Gefühle und Energien stagnieren. Schließlich hast du die Nase voll und kochst über.

Hinter der Wut steht letztendlich die durch einen inneren Konflikt bedingte Unfähigkeit, uns dem Fluss des Lebens anzuvertrauen. Die Wut will endlich die Blockade beseitigen, will plattwalzen und vernichten, was sich diesem Fluss in den Weg stellt.

Lässt du die Wut in dir geschehen, so mag dich ihre Kraft und Amoralität zunächst erschrecken. Da sie das Hindernis aus dem Weg räumen will, das sich deinen als authentisch empfundenen Wünschen und Bedürfnissen entgegenstellt, richtet sie sich in aller Regel gegen die Person oder Situation, auf die du die Blockade deiner Energien projizierst. Das Resultat, in der Regel eine »moralisch verachtenswerte« Handlung, Vorstellung oder verbale Äußerung, stellt sich für den Betroffenen jedoch im aktuellen Moment immer als die Wahl des kleineren Übels dar, mit dem er versucht, ganz und gar Unerträgliches abzuwenden.

Wut ist jene Emotion, die am häufigsten unterdrückt wird, da ihr ein zerstörerisches Potential anhaftet. Diese Unterdrückung bindet unsere Energien noch stärker als die Verdrängung anderer Emotionen, da der dazu benötigte Energieaufwand besonders groß ist. So gibt es Menschen, die zwar in einer permanenten inneren Anspannung leben, gleichzeitig aber unter Energiemangel oder zumindest unter starken Unlustgefühlen leiden, weil die ständige Unterdrückung ihre Energien aufzehrt.

Die Wut zuzulassen erfordert von vielen Menschen besonderen Mut, da sie sich mit ihren inhaltlichen Ausdrucksformen nicht identifizieren wollen. Nicht selten sind es gerade jene Menschen, die aus einem besonderen Bedürfnis nach Frieden und Harmonie viele ihrer authentischen Wünsche und Energien zurückgewiesen haben, in deren Schatten Ärger und Wut heranwachsen. Wenn wir es jedoch schaffen, die Wut ohne moralische Werturteile in uns geschehen zu lassen, kann sie uns tatsächlich dabei helfen, die Blockaden zu bereinigen, die dem freien Selbstausdruck und dem Fluss unserer Gefühle den Weg versperren. Das Zulassen der Wut bedeutet natürlich nicht, dass du nun hingehst und deinem Widersacher eine Ohrfeige gibst oder deine Frau endgültig »zur Minna machst«. Das kann zwar ein momentanes subjektives Gefühl der Befreiung herbeiführen, aber das zugrunde liegende Problem ist damit noch nicht gelöst, die Blockade in dir noch nicht beseitigt. Lässt du die Wut in dir zu, kann dir das im Gegenteil dabei helfen, sie nicht nach außen zu tragen. Ein momentaner Ausbruch wird durch dein Einverstandensein viel schneller verrauchen. Darüber hinaus wird dir das Einverstandensein helfen, die verwunschenen Energien der Wut in ihren ursprünglichen Ausdruck zurückzuverwandeln.

Viele Menschen, die um die Kraft der Gedanken wissen, befürchten, dass das bewusste innere Zulassen ihrer Wut zerstörerische Schwingungen aussenden wird, die vielleicht einem anderen Menschen Schaden zufügen könnten. Dazu gibt es zweierlei zu sagen: Zum einen kann eine ständig unterdrückte Wut viel tieferen Schaden anrichten als jedes innere Aufbrodeln, das von deinem Einverstandensein getragen wird. Zum zweiten wird deine Wut von einem anderen Menschen nur »angenommen«, wenn er eine innere Entsprechung besitzt. Ansonsten werden deine wuterfüllten Gedanken und Gefühle keinerlei Reaktion in ihm hervorrufen. Ist er sehr feinfühlig, so wird er eventuell etwas von deinen Schwingungen spüren, doch gleiten sie von ihm ab wie etwa die Handlung in einem Film, zu dem er keine innere Beziehung hat.

Außerdem solltest du dir bewusst machen, dass du zerstören willst, was dir Leid zufügt, was deiner Freiheit oder dem Ausdruck einer authentischen Eigenschaft im Wege steht, und dass diese Blockade immer eine Struktur in dir selbst ist.

Zerstörung an sich muss nicht unbedingt negativ sein. So kennt beispielsweise die indische Mythologie neben Brahma, dem Schöpfer, und Vishnu, dem Erhalter, auch Shiva, den Gott der Zerstörung. Doch was er zerstört, ist die Unwissenheit, die Illusion der Getrenntheit, und so dient er auf seine Weise der Verwirklichung der Einheit. In der Astrologie finden wir ein ähnliches Prinzip im Planeten Pluto symbolisiert, der unter anderem für die Zerstörung überalterter Strukturen steht, um damit Platz zu schaffen für neues Leben.

Wenn du unter diesem Blickwinkel deine Wut betrachtest und sie wertfrei geschehen lässt, wirst du bald erkennen, dass ihre enorme Kraft im Grunde genommen überholte Strukturen in dir aufbrechen und zerstören, dich zu größerer Selbstbestimmung, Ehrlichkeit und Authentizität führen will. Anstatt die Wut weiterhin auf die Projektion dieser Strukturen im Außen zu richten, kannst du ihre Energie benutzen, um die innere Blockade zu durchbrechen, die dich daran hindert, im Einklang mit deinem eigentlichen Selbst zu leben. Doch solltest du mit diesen Informationen nicht beginnen, den Ausdruck deiner Wut zu manipulieren oder willentlich versuchen, sie in etwas anderes zu verwandeln. Erlaube ihr einfach, dich zu leiten, dich durch jene inneren Erfahrungen hindurchzuführen, die zu deiner Befreiung unumgänglich sind. Erlaubst du neben deiner Wut auch den zugrunde liegenden Wünschen zu existieren, so stärkst du damit die authentische Ausdrucksform der verwunschenen Energien und unterstützt die Erlösung der Wut. Sobald du deine ureigensten Bedürfnisse vollkommen anerkennst und sie der Fürsorge deines inneren Selbst überlässt, wird die Wut überflüssig, da sich damit auch die selbst gesetzte Blockade auflöst. Die Energie, die sich zuvor als Wut äußerte, steht dir nun direkt zur Verfügung.

Bevor wir zum letzten großen Komplex der Liebe weitergehen, noch ein Wort zur Depression, jener »Jahrhundertkrankheit«, die Jugendliche ebenso befällt wie Hausfrauen und Mütter, Arbeitslose ebenso wie dynamische Führungskräfte.

In der Depression verweigert sich der Betroffene dem Leben in der krassesten Form. Nirgendwo ist die Negation vollständiger als in der

Depression. Der Depressive entzieht sich dem äußeren Leben ebenso wie den inneren Kräften und Energien, die in ihm gelebt werden wollen. Was bleibt, ist Leere und Sinnlosigkeit.

Wie aber kommt es zu dieser vollständigen Verweigerung? Zunächst einmal sollten wir ausschließen, dass der Depression ein Vitalstoffmangel zugrunde liegt. Tatsächlich braucht unser Nervensystem eine Menge Nährstoffe, insbesondere bestimmte Vitamine und Spurenelemente, um optimal arbeiten und auch in schwierigen Situationen angemessen reagieren zu können. Ähnlich einem Tier, das sich bei Nahrungsmangel in seine Höhle zurückzieht und vollkommen still verhält, kann uns unser Nervensystem bei fehlenden Vitalstoffen Rückzug signalisieren. Wir können uns dem Leben nicht mehr öffnen, fühlen uns müde und niedergeschlagen.

Insbesondere bei einer *endogenen*, also von innen kommenden Depression, bei der kein äußerlich sichtbarer Anlass vorhanden ist, sollten wir einen eventuellen Nährstoffmangel in Betracht ziehen und ausgleichen. Zeigt sich durch diese Maßnahme keine Besserung, liegen ähnlich wie bei der im Folgenden beschriebenen exogenen Depression seelische Faktoren zugrunde, die jedoch weit zurückreichen können – eventuell bis in frühere Leben.

Die *exogene* Depression wird in der Regel durch einen Konflikt mit der Außenwelt, beispielsweise mit dem Partner, ausgelöst. Oder es liegt ihr ein Verlust wie der eines geliebten Menschen oder einer Arbeitsstelle zugrunde – oft begleitet von dem Verlust unseres Selbstwertgefühls oder des persönlichen Lebenssinns. Die Situation scheint so ausweglos, die Möglichkeit, ein glückliches Leben zu führen, so unwahrscheinlich, dass wir mit vollständigem Rückzug reagieren und uns dem Leben verweigern, ähnlich einem Kind, dadurch einen Rückzug in den inneren Schmollwinkel die Lösung eines Konfliktes oder die Erfüllung eines Wunsches bewusst oder unbewusst zu ertrotzen versucht. Dahinter steht die Unfähigkeit, aus uns selbst heraus zu leben und glücklich zu sein. Wir haben unser Glück vollständig von der Zuneigung und Anerkennung durch andere oder von äußerem Erfolg oder Misserfolg im Leben abhängig gemacht. Mit dem Verlust dieser Komponenten werden wir auf uns selbst zurückgeworfen. Doch anstatt nach innen zu schauen und loszulassen, was wir nicht ändern oder haben können, projizieren wir unser Unglück auf die äußeren Umstände. Da wir nicht bekommen, wessen wir bedürfen, verweigern wir uns dem Leben nun ganz. Diese Verweigerung mündet in die Depression. So ist sie häufig ein Mittel zur Flucht vor der Auseinandersetzung mit dem inneren und äußeren Konflikt oder Verlust.

Der Depressive ist jedoch nicht in der Lage, sich diese Komponenten seiner Depression einzugestehen. Selbstverständlich will er aus seiner Depression wieder heraus, doch sich mit dem Konflikt und dem damit verbundenen Leid zu konfrontieren, das ihn beim Zurücknehmen seiner Verweigerung so offensichtlich erwartet, erscheint ihm noch schlimmer als die innere Leere, in die er sich geflüchtet hat.

Der einzig wirkliche Ausweg aus der Depression besteht jedoch gerade in der Zurücknahme jeglicher Verweigerung und jeglicher Negation und damit wieder im Einverstandensein. Falls du unter Depressionen leidest, möchten wir dir empfehlen, dieses ganze Buch sorgfältig zu lesen, um die inneren Zusammenhänge zu verstehen und sodann seine Methode konsequent anzuwenden. Leidest du schon sehr lange unter einer tiefen Depression, solltest du möglichst mit einem Therapeuten zusammenarbeiten, der die Prinzipien des Einverstandenseins in seinen Therapieansatz mit einbezieht.

Neben Maßnahmen auf der geistig-seelischen Ebene kann auch eine exogene Depression von einer Versorgung mit allen notwendigen Vitalstoffen profitieren, da unser Nervensystem damit sehr viel besser für die Bewältigung leidvoller Erfahrungen gerüstet ist.

Wir möchten es bei diesen wenigen Hinweisen zur Depression belassen. Auf weitere Erscheinungsformen der Depression einzugehen, würde unsere Kompetenz übersteigen und den Rahmen dieses Buches sprengen. Doch hoffen wir, einige Anregungen zum Verständnis und Umgang mit der Depression gegeben zu haben.

Gehen wir nun weiter zum Thema Liebe und ihren »verzauberten« Erscheinungsformen. Das Bedürfnis nach Liebe ist letztendlich gleichbedeutend mit dem Bedürfnis nach Glück. Es gibt wohl nichts, das uns eine tiefere Erfüllung, eine größere Präsenz, ein intensiveres

Gefühl der Lebendigkeit schenkt als die Augenblicke bedingungsloser Liebe. Auf der anderen Seite ist die Angst vor der Abwesenheit von Liebe, Zuneigung und Gemeinsamkeit für viele Menschen eine der tiefsten Ängste.

Zwar entscheiden sich heute immer mehr Menschen für ein Leben als Single, doch steht dahinter nicht selten eine Flucht vor Enttäuschungen oder der Versuch, größerem Leid auszuweichen, indem wir uns gar nicht erst tiefer auf einen anderen Menschen einlassen. Natürlich gibt es auch ein selbstgewähltes Alleinsein, hinter dem der Wunsch nach Selbstverwirklichung oder der Vereinigung mit dem Leben und Gott steht. Ein solches Alleinsein kann tatsächlich zum All-ein(s)-Sein führen, doch geht auch hierbei der Weg über die Öffnung des Herzens.

Die Angst vor Einsamkeit entsteht im gleichen Augenblick, wo wir uns im Zuge der Ichbildung der Einheit verweigern und aufhören, aus uns selbst heraus zu lieben. Ihre vollständige und dauerhafte Heilung können wir somit erst dann vollziehen, wenn wir unserer Sehnsucht nach Liebe erlauben, jegliche Trennung aufzuheben, jeglichen Widerstand aufzugeben und uns zum inneren Einssein zurückzuführen. Der Weg dorthin ist weder lang noch beschwerlich, denn das Ziel liegt in jedem gegenwärtigen Augenblick, den du mit deinem ganzen Wesen bejahst.

Wir haben bereits gesagt, dass Liebe immer eine Gefahr für das Ich ist, das sich Grenzen baut, um seinen Status zu sichern. Bedingungslose Liebe ist keine Eigenschaft des Ich, sie ist ein Wesenszug des Selbst, ist seine eigentliche Natur, und wann immer wir lieben, schimmert etwas von dem Glanz des Selbst durch die Ritzen der Ich-Strukturen hindurch. Das Ich kann nicht wirklich lieben, es kann nur fordern: Ich bin allein, liebe mich. Ich habe Angst, beruhige mich. Ich fühle mich leer, gib mir, was ich brauche.

So ist der Begriff der Liebe im üblichen Sinn außerordentlich doppeldeutig, ganz besonders aber da, wo es um die sogenannte körperliche Liebe, die Sexualität geht. Lieben im gebräuchlichen Sinn heißt vor allem: Ich will geliebt werden, ich *brauche* dich, um mich heiler und vollständiger zu fühlen, um mein Verlangen nach Nähe und sexueller

Befriedigung zu stillen. Diese Art der »Liebe« ist immer mit der Angst verbunden, dass unsere Bedürfnisse zurückgewiesen oder nicht erfüllt werden. Sie wird zu Ablehnung, wenn der andere nicht oder nicht mehr ist, was mein Ich erwartet. Sie kann sich sogar in Hass verwandeln, wenn unser Ich sich verraten oder verhöhnt fühlt. Eine solche Liebe will sich ohne Gegenleistung nicht verschenken. Sie will den anderen ganz für sich haben und reagiert mit Eifersucht, wenn diese Forderung nicht erfüllt wird.

Doch auch hinter dem Verlangen, Liebe zu bekommen, steht letztendlich der Wunsch, Liebe zu fühlen und zu leben. Die Sehnsucht nach Liebe setzt ja voraus, dass du Liebe kennst, dass du sie in dir erlebt hast, auch wenn sie vielleicht bisher nur durch äußere Einflüsse geweckt wurde. Auch hinter dem Verlangen nach körperlicher Vereinigung steht nicht allein das Bedürfnis nach Befriedigung einer Lust. Der sexuelle Akt kann uns auf seinem Höhepunkt für Momente über unsere Begrenzungen hinaustragen, uns eine Ahnung vermitteln, was es heißt, mit einem größeren Ganzen zu verschmelzen. Doch nur wenn sich die Energien beider Partner während der Vereinigung »nach oben« richten, wenn sie als Symbol für das Spiel und die Verschmelzung der universalen männlichen und weiblichen Kraft in der Schöpfung erlebt wird und sich darin einschwingt, kann uns diese Vereinigung der inneren Einheit näherbringen, welche die weiblichen und männlichen Energien in sich schließt.

Um seine männliche Schöpferkraft wissen
und doch seine weibliche Empfänglichkeit bewahren
heißt zum Strombett des Lebens zu werden.

Lao Tse, ca. 6. Jahrhundert v. Chr.

Was es heißt, bedingungslos zu lieben, können wir am Beispiel einer Mutter unmittelbar nach der Geburt eines erwünschten Kindes erkennen. Sie erwartet nichts von diesem so verletzlichen, abhängigen kleinen Wesen, fordert nichts, akzeptiert alles, versteht alles, bietet sich selbst ganz und bedingungslos an. Sie hat gegenüber dem Neugeborenen kein Ich. Sie liebt mit jener Liebe, die gibt, ohne etwas dafür zu erwarten. Wenn sich ihr Ich auch früher oder später wieder meldet, so hat diese Mutter doch jene wunderbar erfüllende Liebe erlebt, die nichts anderes will, als sich zu verschenken.

Dies ist nicht zuletzt der Grund, warum Mutterschaft in manchen Kulturen als heilig verehrt wird. Doch ist letztendlich jeder Liebende verehrungswürdig, denn in jeder Sehnsucht nach Vereinigung mit einem anderen Menschen schimmert die Sehnsucht nach der Einheit mit dem göttlichen Sein hindurch. Jedes Gefühl der Trauer über eine nicht erfüllte Liebe ist auch die Trauer um das verlorene Paradies der Einheit. Jede Empfindung der Liebe weckt die Erinnerung an unser eigentliches Sein und kann uns seiner Verwirklichung ein Stück näherbringen.

Solange wir jedoch unsere Liebe an einen bestimmten Menschen binden und meinen, allein durch ihn Liebe erleben zu können, machen wir uns abhängig von seiner Zuneigung und seinem Wohlwollen. Statt im Mittelpunkt unseres eigenen Universums zu bleiben, kreisen wir nun um ein anderes Universum, bleiben damit immer am Rand und finden nicht zu dem Zentrum der Liebe in uns selbst. Wir dürfen dem anderen dankbar sein, dass er Liebe in unserem Herzen geweckt hat, dass er die Tür zu jener Schatzkammer geöffnet hat, die wir aus vielerlei Ängsten oder einfach aus Gewohnheit oder Trägheit verschlossen hielten. Doch die Schätze, die wir nun in unserem Herzen finden, hat nicht der andere dort hineingetan, sie sind unser eigener Reichtum an Liebe.

Was bedeutet dies nun praktisch für uns, wenn wir beispielsweise einen Menschen lieben, aber gleichzeitig von Eifersucht oder der Angst vor Zurückweisung geplagt werden? Es bedeutet, nicht auf das zu schauen, was du von deinem Partner bekommst oder nicht bekommst, was er tut oder nicht tut, sagt oder nicht sagt. Schau allein auf die Liebe, die in dir lebt, genieße sie, erfreue dich an ihr. Auf diese Weise wirst du unabhängig von dem Wohlwollen deines Partners und kannst deine Liebe einfach in die Welt hinausstrahlen, und dein Partner darf eine Extraportion davon abbekommen.

Wenn du allein bist und dich nach Liebe sehnst, so weise diese Sehnsucht nicht aus Angst vor Nichterfüllung zurück; erlebe auch sie und erkenne in ihr das Potential an Liebe, das in dir wohnt. Erlaube diesem Reichtum an Liebe in dir zu leben. Sobald du eine solche Liebesschwingung in dir trägst, ziehst du auch im Außen an, was ihr entspricht.

Während du die Meditation des Einverstandenseins ausübst, ist es also ganz wichtig, dass du auch die Liebe in dir zulässt und sie nicht aus Angst vor Zurückweisung oder Ähnlichem unterdrückst. Beginne bei jener Ausdrucksform der Liebe, die sich gerade für dich zeigt, und weise auch die »verzauberten« Formen von Eifersucht, Hass oder Trauer nicht zurück. Auf diese Weise kann dich dein innerstes Selbst durch den Schmerz der Trennung und Nicht-Erfüllung hindurch zu dem ursprünglichen Wunsch nach Liebe zurückführen und dir den Weg zeigen, deine Liebe ohne Forderungen, Erwartungen und Ängste zu leben. Sehnst du dich nach der sexuellen Vereinigung mit einem anderen Menschen, so erkenne auch darin die Sehnsucht nach Ver-

Abb. 7

Shiva-Shakti als Symbol für die Vereinigung der männlichen und weiblichen Kraft in der Schöpfung

Quelle: Himalayan Academy Publications, Kapaa, Kauai, Hawaii / Wikimedia Creative Commons

schmelzung, nach Überschreiten deiner Begrenzung und nach dem Erleben jenes Glücks, das in der Vereinigung mit dem Leben selbst und mit Gott liegt. Lass auch diese Sehnsucht auf jener Ebene zu, die gerade in dir lebt. Beachte hierzu auch das Kapitel über die Wunscherfüllung.

Wenn wir gelernt haben, uns selbst auf diese Weise anzunehmen und zu verstehen, können wir auch den anderen annehmen und ihn in seiner Sehnsucht nach Liebe mit all ihren irrigen Ausdrucksformen verstehen. Sich so annehmen heißt, die Brücke zu ihm schlagen und die Trennung aufheben.

Indem wir erkennen, dass unsere Liebe zu einem anderen wie auch unser sexuelles Verlangen das Tor zu einer umfassenderen Liebe und Vereinigung ist, die alles einschließt, werden wir innerlich frei von den Erwartungen, die unser Ich uns als Fallstrick in den Weg legt. Nun können wir unsere Liebe in jedem Augenblick genießen und verschenken, ohne von dem Gedanken an zukünftiges Leid, an Einsamkeit oder Zurückweisung behindert zu werden. Wir können unseren Widerstand aufgeben und uns mit unserem ganzen Sein dem Leben hingeben.

Unsere Liebe wird jedem Moment des Daseins Glanz und Bedeutung verleihen, ähnlich wie jede Geste, jeder Blick eines geliebten Menschen für den Liebenden voller Bedeutung ist. Und so wie wir einen geliebten Menschen ganz kennenlernen und alle Facetten seines Wesens verstehen möchten, so können wir uns nun für das Leben öffnen, um die Schöpfung in all ihrem verschwenderischen Reichtum zu erfassen. Unsere Wahrnehmung öffnet sich für zunehmend tiefere Ebenen des Seins, und im Erkennen immer neuer Wunder wächst die Liebe zu jener Energie, die all dies ins Leben rief. Unsere Hingabe an das Leben wird zur Hingabe an die allem zugrunde liegende schöpferische Kraft, bis wir im Aufgeben der letzten Begrenzungen unser inneres Einssein mit der universellen Existenz erfahren.

Dieses letztendliche Ziel wird in der Regel nicht von heute auf morgen erreicht. Es wird sich über viele Leben hinweg nach und nach entfalten, doch ist jeder noch so kleine Schritt in diese Richtung bedeutsam und willkommen.

In der Liebe zu Gott findet der Liebende des Lebens
Ausdruck für das Unaussprechliche.
Das kosmische Leben gewinnt Ausdruck in seinem
Handeln.
Die Gedanken kosmischen Lebens manifestieren sich
in seinem Denken.
Seine Augen erblicken den Zweck der Schöpfung.
Seine Ohren hören die Musik des kosmischen Lebens.
Seine Hände wirken in kosmischen Absichten.
Seine Füße setzen das kosmische Leben in Bewegung.
Er wandelt auf Erden
und wandelt doch in der Bestimmung des Himmels.
Engel erfreuen sich an seinem Dasein auf Erden.
Solches ist die Herrlichkeit der Einheit,
geboren aus Liebe.

Maharishi Mahesh Yogi

Heilung des Denkens

Wenn wir von einer Heilung des Denkens sprechen, so meinen wir eine Änderung unserer Denkgewohnheiten in einer Weise, dass unsere Gedanken eine größere Ganzheitlichkeit widerspiegeln und im Einklang mit den natürlichen Gesetzen der Schöpfung und den Kräften der Evolution stehen.

Als Kind lernen wir, dass alle Dinge einen Namen haben, dass auch Handlungen und Geschehnisse benannt werden. Allen Erscheinungen und Erfahrungen sind Begriffe zugeordnet, mit deren Hilfe wir uns austauschen und verständigen können.

Damit ein Begriff begreifbar wird, muss er sich mit eigenen Erlebnissen verbinden. Das bedeutet, dass sein Inhalt letztendlich ein ganz persönlicher ist, wenn er auch Ähnlichkeiten zu den Inhalten aufweist, die andere Menschen damit verbinden. Unser Denken ist mit diesen Begriffen gekoppelt. Dies bedeutet, dass unsere übliche Art zu denken an der Wirklichkeit der Dinge vorbeigeht, sie in ihrem So-Sein nicht erkennen und nicht begreifen kann. Was wir begreifen, ist ein Konzept der Wirklichkeit, gespeist aus Rückständen vergangener Erfahrungen, aus subjektiven Erkenntnissen oder intellektuellen Schlussfolgerungen, die jedoch wiederum auf unserer begrenzten Wahrnehmung der Wirklichkeit beruhen.

Das Begreifen ist jedoch nur *eine* Funktion des Denkens. Wir können es als *passives* Denken bezeichnen. Es entspricht der Fähigkeit, Bedeutungen, Beziehungen, Zusammenhänge wie auch den Sinn eines Ereignisses zu *erfassen* und zu *erkennen* und unwillkürlich Urteile zu bilden, die aus unbewussten Strukturen gespeist werden. Das passive Denken führt zu spontanen, unmittelbaren Reaktionen.

Das *aktive* Denken beinhaltet die Fähigkeit, Beziehungen und Zusammenhänge *herzustellen*, um beispielsweise Aufgaben zu lösen. Es führt zu einem gewollten Urteilsakt und ist Grundlage bewusster Willenshandlungen.

Beide Arten des Denkens beruhen auf unserer Wahrnehmung der Wirklichkeit, und die ist in der Regel begrenzt durch die emotionalen und geistigen Strukturen, die sich unser Ich im Laufe seiner Entwicklung angeeignet hat.

Was wir durch das Raster unseres Ich wahrnehmen, ist niemals die Welt, wie sie aus sich heraus ist, sondern einzig *unsere* Welt. Es ist *unsere* Wahrnehmung der Dinge, die in jeden unserer Gedanken einfließt.

Das Ich ist unfähig zu einer neutralen Sicht der Dinge. Es erfährt das Leben durch den Filter der Wünsche und Ängste, die sich mit dem Wahrgenommenen verbinden, durch die färbende Brille unserer glücklichen und unglücklichen Erinnerungen, unserer Erwartungen, Konzepte und Urteile. Sobald wir sagen: Dies mag ich, das mag ich nicht; das ist gut, jenes ist schlecht; dies ist notwendig, das hingegen überflüssig; gestern war es schöner als heute; ich habe weniger erhalten, als ich gegeben habe, urteilen wir. Durch jedes Urteilen teilen wir die Wirklichkeit in Kategorien ein, schließen somit aus und beschränken uns auf die Grenzen unserer Maßstäbe und vorgefassten Meinungen.

Solange wir uns von den eingefahrenen Denkschemata nicht lösen, interpretieren wir nicht nur die Wirklichkeit gemäß unseren bewussten und unbewussten Vorstellungen, wir setzen auch immer wieder die gleichen Aktionen in Bewegung, erzeugen, bestätigen und verfestigen damit immer wieder das gleiche begrenzte Bild der Wirklichkeit. So besitzen unsere Gedanken die Fähigkeit, eine eigene Wirklichkeit zu schaffen und aufrechtzuerhalten, und diese Wirklichkeit spiegelt sich in all unseren Handlungen und Gefühlen wider bis hin in die stoffliche Struktur unseres Körpers.

Der Versuch, die Wirklichkeit in das Korsett unserer Konzepte zu zwängen, bedeutet jedoch nichts anderes, als dass wir vom gegenwärtigen Augenblick erwarten, dass er vorher festgesetzten Normen entspricht. Diese absurde Erwartung bringt uns um die Erfahrung der einzigartigen Wirklichkeit des Jetzt. Wir übersehen, dass jede Erscheinung einzigartig und unvergleichlich ist und dass es keine zwei identischen Augenblicke gibt. So wird jeder Moment zu einem verpassten Rendezvous mit dem Wunder des Lebens.

Durch die Übung des Einverstandenseins öffnet sich unser Geist für jene tiefe und umfassende Wirklichkeit, die jenseits unserer Konzepte und Meinungen liegt. Indem wir unsere Gedanken kommen und gehen lassen, ohne sie von unserer Seite aus weiterzuspinnen, sie zu beurteilen oder irgendetwas davon zu verdrängen, schließen wir nicht mehr von vornherein alle Möglichkeiten aus, die außerhalb unserer gewohnten Denkschemata liegen. Wir öffnen uns auch für jene Impulse, die wir normalerweise nicht zulassen. Auch können wir zunehmend die innere Verbundenheit aller Erscheinungen der Schöpfung erkennen oder zumindest erahnen. Kein Erscheinungsbild kann ja isoliert von einem Rahmen gegenseitiger Beziehungen betrachtet werden. Alles ist von einem Netzwerk wechselseitiger und voneinander abhängiger Ursachen durchzogen, die sich bis ins Unendliche fortsetzen. Das läuft auf die Feststellung hinaus, dass ein Ereignis nicht nur eine Ursache hat, sondern unendlich viele, dass also jeder gesonderte Ablauf auf eine spezielle und einzigartige Weise die Gesamtheit der Schöpfung ausdrückt und in einer umfassenden Wirklichkeit in sich schließt.

Wenn du das Einverstandensein über längere Zeit hinweg praktizierst, wirst du allmählich merken, dass hinter der regen Gedankentätigkeit deines Geistes ein Bereich der Stille existiert, der immer mehr zur Grundlage deines Denkens wird. In diese offene und bereite Stille hinein kann dein innerstes Selbst seine Impulse schicken. Dein individueller Geist öffnet sich immer mehr für jene Intuition und Inspiration, durch die sich der universale schöpferische Geist offenbart.

Aus dem Wirken dieser schöpferischen Intelligenz entstand die ursprüngliche Wirklichkeit des Seins. Es ist der Geistaspekt des Schöpfers, jene grundlegende geistige Kraft, aus der die Schöpfung entsprang und in jedem Moment neu entspringt. In ihr ist das Wissen um den gesamten Kosmos mit allen Erscheinungsformen in Raum und Zeit enthalten, von den feinsten geistigen Impulsen bis hin zur Manifestation im Stofflichen. In deinem passiven Denken beginnt sich nun zunehmend diese aus sich selbst heraus wirkende Wirklichkeit zu spiegeln. Deine Erkenntnis der Wahrheit beruht immer mehr auf einer direkten, unverfälschten Wahrnehmung des Seins. Du erlebst diese Entwicklung deines Geistes als ein zunehmendes inneres Gewahrsein, das nicht mehr interpretiert, sondern direkt erkennt – ähnlich der Intuition, die uns mit ihrem Wahrheitsgehalt oft in Erstaunen versetzt. Dieses Gewahrsein schließt die Geschehnisse um uns herum ebenso wie unsere Reaktionen darauf ein.

Dein *aktives* Denken reflektiert zunehmend jene kosmische geistige Kraft, die an der Grundlage allen Daseins und damit auch an der Basis deines Lebens wirkt. Die Entscheidungen, die deinen Handlungen vorausgehen, spiegeln die Absichten deines innersten Selbst und kommen in Einklang mit Sinn und Zweck deines individuellen wie auch des universellen Lebens. Durch die zunehmende Verbindung mit dem kosmischen Geist gewinnt dein Denken an Kraft und du wirst erleben, dass sich deine Gedanken immer häufiger verwirklichen.

Im täglichen Leben beginnst du, spontan und ohne viel darüber nachzudenken, alle Aspekte einer Sache mit einzubeziehen. Dadurch erreichst du einen größeren Wahrheitsgehalt und findest Lösungen für deine Probleme, die du vorher vielleicht völlig übersehen oder für unmöglich gehalten hättest, die sich aber nun für dich selbst wie für alle Beteiligten in einem umfassenden Sinn als lebens- und entwicklungsfördernd erweisen.

Die geistige Kraft, die sich über deine Gedanken ausdrückt, kann ordnend und damit heilend wirken, da sie die Ordnung und die Gesetze des Kosmos reflektiert. Sie kann helfen, dein Leben, deine Gefühle und deinen Körper wieder »in Ordnung« zu bringen.

Während dein *passives* Denken die geistigen Impulse und Erkenntnisse empfängt, wird dein *aktives* Denken nun zu einem Mittler, der diese Impulse weiterleitet und entweder direkt durch die ihnen innewohnende Kraft oder über den Weg der Kommunikation und des Handelns zu ihrer Verwirklichung beiträgt.

Dieser Vorgang hat jedoch wenig mit jener persönlichen Gedankenkraft zu tun, die beim so genannten »Positiven Denken« eingesetzt wird, um bestimmte Wirkungen herbeizuführen. Zunächst wählen wir das Ziel des positiven Denkens in der Regel vom Standpunkt der begrenzten Wahrnehmung unseres Ich aus. Ein solches Ziel muss nicht im Einklang mit den Absichten unseres innersten Selbst stehen;

es kann ihnen sogar zuwiderlaufen oder eine innere Spaltung vergrößern.

Auch wenn wir ein hohes Ziel wählen, wie Erleuchtung oder allumfassende Liebe, verbinden wir damit immer noch *unsere Vorstellung* von diesem Ziel, die eine Vorstellung unseres Ich ist, welches die Wirklichkeit unterteilt und sich immer nur mit einer Hälfte identifiziert, die andere aber verdrängt. Indem wir versuchen, durch ständige Wiederholung bestimmter Gedanken den einen Pol zu stärken, gerät der andere immer mehr ins Abseits und kann zu einem Schatten heranwachsen. Dieser Schatten tritt dann meist in Form von äußeren Ereignissen, von Menschen und Umständen wieder in unser Leben, die dem positiven erwünschten Pol so gar nicht entsprechen und sich seiner Verwirklichung auf penetrante Weise widersetzen. Erst wenn unser positives Denken alles – und eben auch den Schatten – mit einschließt, kann es zur Verwirklichung einer größeren Ganzheit beitragen

An den Schluss dieses Kapitels möchten wir ein sehr schönes Beispiel für die erweiterte Art der Wahrnehmung stellen, wie wir sie weiter vorne aufgezeigt haben. Es ist uns von Albert Einstein überliefert, und er beschreibt darin, wie er zu einigen grundlegenden Erkenntnissen kam: Er stand in einer Haltung der Ehrfurcht und des Staunens vor dem Wunder der Schöpfung; sein Geist wurde im Angesicht dieser Größe vollkommen still und offen, und in diese Offenheit hinein nahm er in einer direkten inneren Schau jene Zusammenhänge wahr, die er im Nachhinein in seine berühmt gewordenen und viel beachteten Formeln packte.

Dies soll nicht bedeuten, dass wir alle zu einem Albert Einstein werden. Doch werden wir die innere Wahrheit zunehmend in jeden Lebensbereich hineintragen, dem wir uns zuwenden.

Erfüllung von Wünschen

Die Natur des menschlichen Lebens geht zu mehr und mehr: mehr Wissen, mehr Erfahrung, mehr Glück. Ähnlich wie in der Schöpfung die Einheit zur Vielfalt werden und das ihr innewohnende Schöpfungspotential verwirklichen möchte, so möchte auch der Mensch sein Potential an Kreativität und schöpferischer Gestaltungskraft im Leben ausdrücken und alle Ebenen des Daseins erschließen. In der Erfahrung der Vielfalt der Schöpfung trägt ihn der gleiche Impuls schließlich zur Einheit zurück. Diese Tendenz zu mehr und mehr wird von unseren Wünschen getragen.

Nun vertreten verschiedene religiöse Lehren die Meinung, dass wirkliches Glück erst durch Wunschlosigkeit erreicht werden kann. Erleben wir einen intensiven Glückszustand, so sprechen wir davon, »wunschlos glücklich« zu sein. Diese Art des Glücks entspricht jedoch einem Zustand der Erfüllung, ist also Ergebnis und nicht der Weg. Wollten wir auf unserer derzeitigen Ebene der Entwicklung all die Wünsche aufgeben, die natürlicherweise in uns leben, so würden wir sie höchstwahrscheinlich verneinen und verdrängen und damit unsere innere Spaltung vergrößern.

Falls du dich auf dem Weg einer spirituellen Entwicklung befindest, hast du vielleicht schon bemerkt, dass viele Dinge, die früher eine große Bedeutung für dich besaßen, ihre Faszination verloren haben und dir nun banal und unwichtig erscheinen. An ihre Stelle sind neue Wünsche getreten, die deine jetzige Entwicklung reflektieren. Wünsche ändern sich allein schon durch unser Älterwerden. Doch besitzen sie auf jeder Stufe unserer Entwicklung eine enorme Kraft. Sie können uns zu Leistungen motivieren, die wir ohne ihren Ansporn nie vollbringen könnten, oder uns Fesseln anlegen, durch die wir uns immer aufs Neue im Kreise drehen. Die Erfüllung eines tiefen Wunsches kann uns Momente größten Glücks bescheren, seine Nicht-Erfüllung in Traurigkeit oder Verzweiflung stürzen.

Auch während der Meditation des Einverstandenseins werden dir immer wieder Wünsche begegnen. Manche ziehen vorüber, andere finden ihre Erfüllung allein durch das Einverstandensein, wieder andere treten immer aufs Neue in dein Bewusstsein. Da Wünsche eine so wichtige Kraft im Leben darstellen, haben wir ihnen ein eigenes Kapitel gewidmet. Es soll einige Anregungen zum Umgang mit Wünschen vermitteln, die dir auch während der Meditation des Einverstandenseins äußerst nützlich sein können. Darüber hinaus können diese Anregungen als Grundlage für eine Wunsch-Meditation dienen, die du für etwa fünf Minuten an deine Übung des Einverstandenseins anschließen kannst. Hierbei kannst du auf Wünsche, die dir sehr wichtig erscheinen, speziell eingehen.

Wann immer es um das Thema Wunscherfüllung geht, besteht jedoch besonders leicht die Gefahr, in eine Erwartungshaltung hineinzurutschen oder deine Erfahrungen gemäß deinen Vorstellungen zu manipulieren. Darum solltest du in jedem Fall der speziellen Wunschmeditation eine längere Übung des Einverstandenseins vorausschicken, in die du deine Wünsche zwar mit einschließt, aber nicht zum Angelpunkt deiner Aufmerksamkeit machst. Behalte die erwähnte Gefahr im Auge, während du die Wunschmeditation anwendest. Wenn sich dabei dennoch eine Erwartungshaltung einschleichen sollte, merkst du dies sofort an einem Verlust der Leichtigkeit und Unbefangenheit.

Betrachten wir zunächst einmal genauer, was es bedeutet, einen Wunsch zu haben und was seine Erfüllung oder Nichterfüllung in uns bewirkt.

Ein Wunsch entsteht aus dem Bedürfnis, uns zufriedener, vollkommener oder glücklicher zu fühlen. Ihm geht also immer ein Mangel voraus. Eine Leere soll gefüllt werden, und sei es nur ein leerer Magen. Der Wunsch soll herbeiführen, wovon wir uns eine größeren Erfüllung versprechen. Er entsteht aus einer Spannung, die mittels seiner Erfüllung nach Befriedigung und Entspannung sucht.

Oft steht die äußere Erscheinungsform eines Wunsches für ein tieferes Bedürfnis nach Liebe, Anerkennung, Selbstwertgefühl, Freiheit oder Ähnlichem. Dieses Bedürfnis projizieren wir auf ein Objekt, einen Menschen oder ein Ereignis und erwarten von ihm, dass es unser Gefühl der Leere oder des Mangels aufhebt. Wird ein solcher Wunsch auf der äußeren Ebene erfüllt, zieht er bald einen neuen nach sich, der in eine ähnliche Richtung zielt. Das Ziel des Wunsches ruft, sobald wir es verwirklicht haben, Sättigung und schließlich Gleichgültigkeit hervor. Wir freuen uns einige Zeit darüber, gewöhnen uns daran, langweilen uns. Es hat seinen bedeutungsvollen Zauber verloren. Die innere Erfüllung, die wir bei der Verwirklichung des Wunsches erlebt haben, befindet sich also nicht in dem Objekt oder Ereignis, sondern in uns. Für einen Augenblick hatte der äußere Gegenstand oder das Geschehnis die Fähigkeit, einen Zustand der Erfüllung hervorzurufen. Dies bedeutet, dass wir eine dauerhafte Erfüllung letztendlich nur in uns selbst finden können.

Dennoch können uns unsere Wünsche auf dem Weg unserer Evolution leiten. Auch wenn sich ein Wunsch auf ein äußeres Objekt oder Ereignis richtet, sei es aus simpler Freude daran oder als Ausdruck eines tieferen Bedürfnisses, kann seine Erfüllung unserer Entwicklung dienen. Sie kann uns jeweils bereit machen für den nächsten Schritt, indem sie uns von der Anhaftung an das äußere Objekt bzw. Ziel befreit.

Um dies zu erreichen, solltest du den Augenblick der Erfüllung aus vollem Herzen und in Dankbarkeit genießen. Dann bist du für jenen Augenblick, in dem sich die Spannung in der Verwirklichung des Wunsches löst, vollkommen im Jetzt. Es gibt nicht mehr dich, die Person, die wünscht, und den Gegenstand deines Wunsches. Es gibt eine totale, vereinigende Erfahrung, und du bist befriedigt. Deine Befriedigung ist tief und erlösend, der Wunsch ist gestillt und verschwindet. Wenn du dich dann für neue Wünsche öffnest, können sie das Verlangen nach einer dauerhafteren und tieferen Erfüllung repräsentieren.

Indem wir immer wieder erleben, dass die Befriedigung, die bei der Verwirklichung eines Wunsches eintritt, nur eine vorübergehende ist, suchen wir weiter und machen nicht Halt. Und bis wir den Weg zu einer vollkommenen Erfüllung gefunden haben, mag sich die Suche auch über mehrere Erdenleben hinziehen.

Solange wir uns auf dieser Suche befinden, werden immer neue Wünsche in uns erwachen. Einige werden erfüllbar sein, doch gibt es auch Wünsche, die uns ganz und gar unerfüllbar erscheinen. Sie können eine Quelle ständiger, schmerzlicher Frustration bedeuten. Im allgemeinen nehmen wir angesichts eines solchen Wunsches ein Fluchtverhalten ein, stürzen uns in Ersatzbefriedigungen oder quälen uns mit fruchtlosen Träumereien von dem unerreichbaren Ziel. Doch gibt es auch hier einen Ausweg. Anstatt dem äußeren Ziel des Wunsches hinterherzulaufen und somit unsere Zufriedenheit von einem Objekt oder Ereignis abhängig zu machen, sollten wir als erstes den Wunsch selbst betrachten und ihm zusammen mit allen anderen Wünschen erlauben, in uns zu leben. Der erste Schritt auf dem Weg zum »Wunschlos-glücklich-Sein« führt über die Anerkennung unserer Wünsche und Bedürfnisse.

Solange wir einen Wunsch verneinen, behindern wir die Kräfte in uns, die zu einer immer größeren Erfüllung führen können. Häufig steht ein Wunsch stellvertretend für ein anderes, tieferes Bedürfnis, und je weiter wir zu der eigentlichen Motivation zurückgehen, desto deutlicher erkennen wir, dass all unsere Wünsche in der Tiefe unseres Seins aus zwei Quellen gespeist werden: dem Wunsch nach individuellem, schöpferischem Selbstausdruck und dem Wunsch nach Liebe und damit nach Vereinigung, Geborgenheit und Ganzheit.

Diese zwei grundlegenden Motivationen ziehen sich wie zwei Ströme durch alle Ebenen unseres Lebens hindurch, finden immer neue Ausdrucksformen und Variationen, scheinen dabei aber häufig in verschiedene Richtungen zu fließen und sich gegenseitig zu behindern oder gar aufzuheben: So wollen wir unser Wesen frei ausdrücken, aber die Liebe und Anerkennung der anderen nicht verlieren. Wir wollen Bindung *und* Freiheit. Wir wollen die Sicherheit des Vertrauten *und* offen sein für neue Erfahrungen. Wir möchten spontan unseren Impulsen nachgeben *und* gleichzeitig einem inneren Selbstbild entsprechen. Wir wollen eine Arbeit zu Ende bringen *und* faul in der Sonne liegen. Viele

Wünsche laufen auch denen anderer Menschen zuwider, und da wir sie nicht verletzen oder ihre Liebe nicht verlieren wollen, stellen wir unsere Wünsche zurück. Dies ist so lange in Ordnung, wie wir den Wunsch wirklich loslassen können. Andernfalls kann er sich nun mit Ängsten oder Schuldgefühlen verbinden, und wir mögen ihn verleugnen oder unterdrücken. Erfüllen wir einen solchen Wunsch dennoch, geraten wir in Konflikt mit uns selbst oder mit der Umwelt.

Wie kommen wir aber aus all diesen Zwickmühlen heraus? Zunächst sollten wir, wie bereits erwähnt, zu den Wünschen selbst zurückkehren und sie als solche anerkennen. Frage dich dabei, was *du* im Grunde deines Herzens wirklich willst, welches *deine* Wünsche sind und nicht die der anderen, die du aus einem missverstandenen Wunsch nach Anerkennung und Einheit adoptiert hast. Je authentischer deine Wünsche und Ziele sind, desto eher können sich all deine Energien kohärent in die gewünschte Richtung bewegen. Steh zu dem, was nach dieser Auslese an Wünschen übrigbleibt, selbst wenn sie dir ganz und gar unheilig oder unerfüllbar erscheinen oder sich Zweifel, Ängste oder schmerzliche Erinnerungen damit verbinden. Erlaube diesen begleitenden Gefühlen, ebenso in dir zu existieren wie deinen Wünschen.

Selbst wenn ein Wunsch eine Komponente besitzt, die dir oder anderen Schaden zufügen könnte, erlaube diesem Wunsch, in dir zu leben. Lass gleichzeitig alle Emotionen zu, die sich damit verbinden. Auf diese Weise wirst du bald merken, dass hinter der negativen Seite deines Wunsches eine Sehnsucht steckt, die dir unerfüllbar scheint.

Lege nun die aus Gewohnheit oder Erfahrung angenommene Haltung beiseite, dass sich deine Wünsche ja doch nicht erfüllen lassen. Schau jetzt nur auf deine Wünsche und nicht auf die Möglichkeit oder Unmöglichkeit ihrer Erfüllung. Nimm sie bedingungslos in deine Haltung des Einverstandenseins mit hinein.

Bezieht sich ein Wunsch auf einen anderen Menschen, der sich beispielsweise ändern oder dir etwas geben soll, so schau, was *du* dir davon erhoffst, und lass bei deinem Wunsch sodann das »Damit« weg. Sag also nicht, mein Partner soll sich ändern, *damit* ich mein Herz wieder für ihn öffnen kann. Wünsche dir einfach ein offenes Herz für ihn, ganz direkt, ohne den Umweg über den Partner.

Nachdem du also deine Wünsche anerkannt hast, erlebe sie bewusst, lerne sie kennen, schau, wie sie sich anfühlen, was sich damit für dich verbindet, und stelle dich auf ihre Seite.

Sobald wir unsere Wünsche in uns zulassen, ohne uns zu fragen, ob sie erfüllbar oder unerfüllbar sind, richtig oder falsch, gut oder schlecht, kommen wir der Harmonie mit uns selbst sofort wieder etwas näher, werden ein Stück mit uns versöhnt, vereint. Auch nehmen wir die wichtigsten Hindernisse zurück, die einer Erfüllung im Wege stehen. Indem du dich darauf einlässt, mit der Unklarheit ungelöster Konflikte, unbeantworteter Fragen und unerfüllbarer Wünsche zu leben, gleichzeitig in deinem Herzen den Wunsch nach Überwindung der Hindernisse und Erfüllung deiner Sehnsucht aufrechterhältst, wird diese Haltung den Weg bereiten, der *zur rechten Zeit* und *in der rechten Weise* zu einer Lösung führt. Während du all deinen Wünschen erlaubst, in dir zu leben, vertraue sie der schöpferischen Intelligenz deines innersten Selbst an. Sei dir hierbei bewusst, dass dein innerstes Selbst alle deine Wünsche kennt. Es weiß aber auch, welche tieferen Bedürfnisse hinter ihren offensichtlichen Ausdrucksformen liegen, aus welcher Quelle sie gespeist werden und wie sie auf dieser tiefen Ebene gestillt werden können.

Zur Quelle deiner Wünsche kannst du jedoch nur gelangen, wenn du den Wasserlauf von dort aus zurückverfolgst, wo er dir gerade begegnet. Nur wenn du die momentanen Ausdrucksformen deiner Wünsche zulässt, kannst du ihre tieferen Ebenen erfahren.

Manchmal erfüllt sich ein hartnäckiger Wunsch auch allein deshalb nicht, weil er dich um wichtige Lernschritte bringen würde oder auch um tiefere Ebenen des Einverstandenseins, zu denen dein inneres Wesen dich führen möchte. So setzt du dir selbst eine innere Schranke, bis du innerlich bereit bist, in dem entsprechenden Bereich zu lernen und zu wachsen. Der Schmerz der Nicht-Erfüllung kann dir hierbei als Motivation dienen, tiefer zu schauen und eine Lösung zuzulassen, die am Ende viel befriedigender ist als die von dir erdachte.

Oft haben wir eine genaue Vorstellung davon, auf welche Weise sich ein Wunsch erfüllen soll. Neben den inneren Zweifeln und Konflikten kann auch diese Vorstellung ein Hindernis für die Erfüllung eines Wunsches darstellen. Solange du an einer Vorstellung festhältst, kannst du dich nicht für die tieferen Ebenen eines Wunsches sowie für die notwendigen inneren und äußeren Schritte öffnen, die zu seiner Verwirklichung erforderlich sind.

Folgende Regel solltest du also bei allen Wünschen beachten: *Lege dich in Bezug auf die Art der Erfüllung nicht fest, bestehe nicht auf einer bestimmten Form der Verwirklichung. Bleibe offen für andere Möglichkeiten und unerwartete Lösungen, an die du vielleicht nie gedacht hättest; dann kann dich dein innerstes Selbst zur Erfüllung führen, und zwar in einer Weise, die im Einklang mit deinen wahren Bedürfnissen steht und deine Entwicklung zur Einheit unterstützt.* Das Aufgeben einer Vorstellung und die Anerkennung eines Wunsches auf einer tiefen grundlegenden Ebene hat noch einen weiteren Vorteil: Seine Verwirklichung kann sich auf einer ganzen Palette von Möglichkeiten gleichzeitig abspielen.

In diesem Zusammenhang möchten wir einmal an eine wunderschöne und vielversprechende Aussage der Bergpredigt erinnern, welche die hier dargelegten Prinzipien in der höchsten Konsequenz ausdrückt:

> *Trachtet zuerst nach dem Reich Gottes*
> *und nach seiner Gerechtigkeit,*
> *so wird euch alles andere zufallen.*
>
> Matthäus 6, Vers 33

Das »Reich Gottes« ist die Einheit, die alle Ausdrucksformen des Lebens in sich schließt. Schauen wir auf das tiefste Verlangen der Seele, das hinter unseren Wünschen steht, so stoßen wir auf die Sehnsucht, diese Einheit mit allem, was dazugehört, wiederzufinden. Unter »Gerechtigkeit« können wir jene universalen Gesetzmäßigkeiten verstehen, die den Kosmos ebenso wie das Leben des Menschen auf allen Ebenen durchziehen und auch die Gesetze der Evolution und Entwicklung beinhalten. Trachten wir nun zuerst nach der Einheit, so werden wir nicht nur zu den notwendigen Entwicklungsschritten geführt, auch die äußeren Ereignisse in unserem Leben gestalten sich so, dass sie die Verwirklichung dieser Sehnsucht unterstützen.

Kommen wir zu jenem letzten, ausschlaggebenden Punkt: *Lasse die Erfüllung deiner Wünsche zu!* Dies klingt nun ungeheuer simpel, und doch liegt darin eine enorme Kraft.

Das Leben ist ein Bereich aller Möglichkeiten, es will sich uns in seiner ganzen Fülle schenken, doch drängt es sich nicht auf. Es wartet, bis wir bereit sind, *zu empfangen.* Tatsächlich bedarf es nichts weiter als einer Öffnung von unserer Seite, damit sich unsere Wünsche auf jener Ebene erfüllen, die unserer Entwicklung am meisten dient.

So können wir durch unser Einverstandensein nicht nur Leid auflösen und zu unserem authentischen Wesen finden, wir können das Leben in seiner ganzen Fülle erschließen. Öffne dich für diese Fülle, für die Er-füllung deiner Wünsche ebenso wie für den Weg, der dich dorthin führt. Indem du dich ohne Bedingungen auch für den Weg öffnest, umgehst du die Gewohnheit, dich von deinem Wunsch wieder von der Wirklichkeit des Augenblicks forttragen zu lassen und seine Verwirklichung in eine ferne Zukunft zu verschieben. Die ersten Schritte auf diesem Weg kannst du jetzt tun. Dein Einverstandensein wird deine Schritte leiten und dir die tieferen Ebenen deiner Wünsche offenbaren. Und wenn es irgendwann nichts mehr ausschließt, wird sich jeder Wunsch auf seiner allertiefsten Ebene in diesem Augenblick erfüllen.

Im Laufe deiner Entwicklung werden deine Wünsche immer weniger das Bedürfnis widerspiegeln, dem Leid auszuweichen, und stattdessen zunehmend das Verlangen spiegeln, zu wachsen. Während du zuerst eine Leere ausfüllen wolltest, ist jetzt spielerisches Wachstum angesagt. Sollte sich nun ein Wunsch nicht verwirklichen, so bist du keineswegs frustriert – ähnlich wie für einen wohlig gesättigten Magen ein Löffel mehr oder weniger nicht ins Gewicht fällt. Wünsche und ihre Erfüllung werden zu einem Spiel der Wellen auf dem Ozean der Seligkeit, die dein eigentliches Wesen ist.

Der Konflikt zwischen freiem individuellem Selbstausdruck und dem Bedürfnis nach Liebe ist nun vollständig aufgehoben. Die Energien dieser beiden Kräfte fließen nicht mehr auseinander, sie haben sich zu einem starken Strom vereinigt, der dein Leben von einer Welle der Erfüllung zur nächsten trägt. Nun wird alles, was du schöpferisch gestaltest, von Liebe und dem Bewusstsein der Einheit durchdrungen, und aus der Liebe wird die immer neue Freude am schöpferischen Tun geboren.

Auch wenn dir eine solche Erfüllung im Moment noch meilenweit entfernt scheint, so darfst du sie dir ruhig wünschen.

Hinweise zur Wunschmeditation

1. Erkenne alle deine Wünsche bedingungslos an.
2. Schau weder auf Widersprüche und Konflikte noch auf das äußere Ziel, sondern auf den Wunsch selbst. Erlaube ihm zusammen mit allen begleitenden Gefühlen, in dir zu leben.
3. Öffne dich für die tieferen Bedürfnisse und Sehnsüchte, die hinter den äußeren Ausdrucksformen deiner Wünsche stehen.
4. Vertraue deine Wünsche der fürsorgenden, schöpferischen Kraft deines innersten Selbst an.
5. Überlasse auch die Art und Weise seiner Erfüllung deinem innersten Selbst. Öffne dich für den Weg und für die notwendigen Lernschritte, die Voraussetzung zur Erfüllung sein können.
6. Lasse die Verwirklichung deiner Wünsche zu, öffne dich für die Fülle und Er-füllung, die das Leben für dich bereithält.

Einverstandensein und Schattenlösung in verschiedenen Formen der Therapie und Meditation

Wahrscheinlich war der Griff nach diesem Buch nicht dein erster Versuch, mit Hilfe einer Methode oder Therapie dein Leben zu verbessern oder zu bereichern. Eventuell übst du zur Zeit eine Meditation oder Heilmethode aus und bist mit den Ergebnissen mehr oder auch weniger zufrieden. Viele unserer Leser mag es interessieren, inwieweit sich eine andere Form der Meditation oder Therapie mit der Übung des Einverstandenseins vereinbaren lässt. So möchten wir auch zu diesem Thema einige Erläuterungen geben. Wir werden anhand einiger Beispiele grundlegende Prinzipien erklären und aufzeigen, wie die Wirksamkeit der verschiedenen Methoden durch das Einverstandensein gesteigert werden kann. Mit Hilfe dieser Informationen wirst du in der Lage sein, diese Prinzipien auf die von dir gewählte Form anzuwenden.

Grundsätzlich bekommt es jede Entwicklung in Richtung Ganzheit über kurz oder lang mit dem Schatten zu tun. Je wirksamer die Techniken, desto schneller werden sie mit dem Schatten konfrontieren. Dies zu verstehen ist besonders bei jenen Methoden wichtig, die allein das »Positive« auf ihre Fahne geschrieben haben, ohne aber die Schattenlösung mit einzubeziehen. Hier wird die Konfrontation mit dem Schatten weder erwartet noch willkommen geheißen. Die daraus resultierende Verdrängung kann eine innere Spaltung vergrößern, bis sich der Schatten irgendwann Aufmerksamkeit erzwingt.

Doch gibt es auch eine ganze Reihe von Methoden, die sich des Schattens annehmen. Ihre positive Wirkung erscheint auf den ersten Blick vielleicht weniger gesichert, in der Praxis erweist sich jedoch das

Gegenteil. Wenn wir allein auf Licht und Liebe eingestellt sind, wird die Schattenbegegnung nur zeitlich hinausgeschoben.

So ist es bei jeder Methode außerordentlich wichtig, dass ein Raum wertungsfreien Annehmens und Bejahens, eine Atmosphäre vollkommenen Einverstandenseins geschaffen wird. Sonst kann eine Therapie ins Gegenteil umschlagen und dem Betroffenen noch mehr Gründe liefern, seinen Schatten zu fürchten und sich selbst nicht zu mögen.

Betrachten wir unter diesem Gesichtspunkt zunächst einmal Methoden, die darauf abzielen, Erlebnisse aus der Vergangenheit, häufig aus der Kindheit, bewusst zu machen. Sie gehen in der Regel davon aus, dass ein vergangenes Erlebnis – mit der erweiterten Lebenserfahrung des Erwachsenen noch einmal durchlebt – zu einer Aufarbeitung und Befreiung führt. Dieser Ansatz kann durchaus hilfreich sein, solange wir beim Wiedererleben der Situation vorrangig auf unsere Reaktion schauen und weniger auf das Erlebnis selbst. In unserer Reaktion spiegelt sich in der Regel eine zugrunde liegende seelische Struktur, die bereits in früheren Leben entstanden sein kann und sich in dem betreffenden Erlebnis widerspiegelt. Sie ist es, die der Erlösung durch dein Einverstandensein bedarf.

Ohne ein solches umfassendes Einverstandensein wird das alleinige Durchleben der vergangenen Situation zu keiner wirklichen Lösung führen. Gelingt es dir jedoch, deine Reaktion in dein Einverstandensein mit einzuschließen, bist du der inneren Freiheit ein großes Stück nähergekommen. Auch wird es dir nun in aktuellen »brenzligen« Situationen sehr viel leichter fallen, die Haltung des Einverstandenseins zu bewahren und die der belastenden Situation entsprechende seelische Struktur immer weiter zu erlösen.

Ähnliches gilt für Methoden, in deren Verlauf der Widerstand gegen blockierte und verdrängte Emotionen zurückgenommen wird und es zu Entladungen kommen kann, die für eine gewisse Zeit befreien, aber auch erschrecken können. Hierbei besteht die Gefahr, dass beängstigende Emotionen im Nachhinein mit noch mehr Druck zurückgedrängt werden oder eine innere Turbulenz hervorrufen, mit welcher der Betroffene nur schwer umzugehen weiß. Auch bei diesen Methoden ist die Haltung des umfassenden Einverstandenseins Voraussetzung, damit es tatsächlich zu einer Lösung kommt und nicht nur zu einem vorübergehenden Gefühl der Befreiung oder gar zu neuer Verdrängung. Getragen von unserem Einverstandensein kann die Wirkung jedoch sehr tiefgreifend und dauerhaft sein.

Dennoch können Therapien, die sich ausschließlich des Schattens annehmen, in einer gewissen Einseitigkeit hängen bleiben. Die Schattenlösung ist zwar ein wichtiger Schritt zur Ganzheit und kann uns helfen, in den entsprechenden Lebensbereichen besser zurechtzukommen und unsere Lebensfreude zu steigern. Doch geht die Sonne noch lange nicht auf, wenn wir nur in diesen und jenen Winkel unserer Schattenwelt ein Licht hineintragen. Etliche Therapiemethoden beziehen daher auch eine »positive« Seite in ihren Ansatz mit ein, die darauf abzielt, den authentischen Ausdruck des eigenen Wesens zu stärken und die latenten Fähigkeiten zu erschließen. In welchem Rahmen dies gelingt, hängt nicht zuletzt von dem dahinterstehenden Menschenbild ab. Das Einverstandensein führt hier sowohl bei der Schattenlösung als auch bei den positiven Ansätzen zu einer größeren Wirksamkeit und Ganzheitlichkeit.

Eine größere innere Ganzheitlichkeit herbeizuführen ist auch erklärte Absicht der verschiedensten Meditationsformen. Doch besteht auch hier die Gefahr einer Einseitigkeit. Viele Meditationsarten zielen darauf ab, das Wahre, Schöne und Gute im Menschen zu erschließen oder zu stärken, ihn in die Einheit mit sich selbst und mit Gott zurückzuführen, und übersehen dabei, dass zu diesem Weg auch die Lösung der Schattenanteile gehört. So kann es zu einer Verdrängung des Schattens kommen. Manch ein Meditierender, der seit Jahren regelmäßig und getreulich seine Meditation ausübt, mag sich wundern, warum er immer noch nicht rundum glücklich ist, warum er immer noch in einer so disharmonischen Umwelt lebt, warum sein Partner so wenig Verständnis für seine Art zu leben und zu denken zeigt und so weiter und so fort. Damit soll noch nichts gegen die Methode selbst gesagt sein und schon gar nichts gegen ihre Absicht. Letztendlich kann uns jede Methode auf unserem Weg voranbringen, kann uns neue Bewusstseinsbereiche erschließen und uns für neue Ebenen der Wirklichkeit und Verwirklichung öffnen. Doch wird ihre Wirkung nur dann umfassend und dauerhaft sein, wenn gleichzeitig der Schatten willkommen ist und wir ihm mit unserem bedingungslosen Einverstandensein begegnen.

Über die Schattenlösung hinaus können beinahe alle Erfahrungen, die uns die verschiedenen Meditationsformen vermitteln, durch unser Einverstandensein vertieft werden. Es bringt eine größere Offenheit und innere Bewusstheit mit hinein und hilft, im Augenblick zu leben und bei dem momentanen Geschehen dabei zu sein. Hierdurch werden beispielsweise auch Methoden unterstützt, die eine gesteigerte Wachsamkeit als Voraussetzung oder Ziel haben. Jede Form der Herzensmeditation kann sich durch das Einverstandensein vertiefen und zur allumfassenden Liebe erweitern, die auch den Schatten mit einschließt und somit erlöst.

Auch Meditationsformen, die sich auf einen bestimmten Inhalt richten, können durch die Prinzipien, die wir im Kapitel über die Wunscherfüllung aufgezeigt haben, vertieft werden. Dabei sollten wir von einer Haltung des »Machens« und »Erzeugens« zu einer Haltung des Zulassens übergehen. Unser Bewusstsein ist ein Bereich aller Möglichkeiten. Wir müssen nur die von uns gewünschte Möglichkeit zulassen, indem wir einen Impuls setzen und sodann zulassen, dass er sich auf die für uns beste Weise verwirklicht.

Über das Positive Denken haben wir im Kapitel »Heilung des Denkens« einiges geschrieben. Ergänzend möchten wir sagen, dass das Positive Denken uns dazu dienen kann, unsere Grenzen und Widerstände und damit unseren Schatten bewusst zu machen, wenn dies auch nicht das von ihm beabsichtigte Ziel ist. Schau dazu einfach ohne Vorbehalte auf das, was die gewählte Formel an Reaktionen und Gegenreaktionen in dir auslöst. Beziehst du dann diese Reaktionen in deinen positiven Ansatz mit ein, bist du der Ganzheitlichkeit schon wieder ein großes Stück nähergerückt.

Das Positive Denken arbeitet häufig mit Affirmationen. Richtig angewendet, können auch sie eine Menge Gutes bewirken. Doch sollten wir beispielsweise nicht sagen: »Ich bin gesund«, wenn dies gar nicht stimmt. Wir möchten dazu raten, stattdessen einfach den

Impuls »Gesundheit« zu setzen und dann die Prinzipien anzuwenden, die wir im Kapitel über die Wunscherfüllung aufgezeigt haben.

Auch bei den Meditationsformen gibt es Methoden, welche die Schattenlösung von vornherein in ihr Konzept mit einbeziehen. So geht unter anderem bei einigen Techniken, die von Osho gelehrt wurden, der stillen Meditation eine aktive Phase voraus, die darauf abzielt, Blockaden zu lösen. Ein Beispiel hierfür ist die so genannte Dynamische Meditation. Hierbei wird zuerst der Weg bereinigt, der zu jenen tieferen Erfahrungen führt, die nur in der inneren Stille erlebt werden können.

Den umgekehrten Weg geht beispielsweise die Transzendentale Meditation (TM). Hier wird durch den speziellen Gebrauch eines ausgewählten Mantras der Geist direkt auf den Weg zur Transzendenz geführt, zum Erleben innerer Freiheit und Unbegrenztheit. Bei diesem Prozess lösen sich die Begrenzungen, die den Schatten erzeugt haben, nach und nach auf. Im Zuge seiner Lösung meldet sich der Schatten noch einmal in Form der so genannten Stresslösung. Schattenlösung wird also erwartet und als ein wertvoller und unerlässlicher Teil der Meditation betrachtet. Doch besteht auch bei so einfachen und natürlichen Methoden wie der TM die Gefahr, aus alter Gewohnheit unangenehme Erfahrungen unbewusst zurückzuweisen, wodurch die Meditation an Wirksamkeit verliert. Auch hier hilft es, sich die Prinzipien des Einverstandenseins, auf denen diese Methode – richtig angewendet – beruht, immer wieder in das Gedächtnis zu rufen.

Zum Schluss noch ein Wort zu den natürlichen Heilmethoden. Auch sie kennen das Prinzip der Schattenlösung als sogenannte Erstverschlimmerung, die den Heilungsprozess einleitet. Sie zielen darauf ab, eine gestörte Ordnung wiederherzustellen. Dies kann durch die Beseitigung von Energieblockaden eingeleitet werden, wie beispielsweise bei der Akupunktur und verwandten Methoden. Oder die Wiederherstellung einer inneren Ordnung soll durch den Einfluss eines Mittels angeregt werden, welches das ursprüngliche Ordnungsprinzip repräsentiert. Eine solche Anregung kann über die Einnahme eines Heilkrauts geschehen, über das Auflegen eines Edelsteins, das Einatmen eines Duftes, den Einfluss einer Farbe oder Ähnlichem. Andere Methoden arbeiten mit Energieübertragung, in der Regel über die Hände, wie dies beispielsweise bei Reiki oder vielen Formen der Geistheilung der Fall ist. Alle diese Methoden regen neben der körperlichen Heilung geistig-seelische Heilungsprozesse an. Es ist offensichtlich, dass auch hier das Einverstandensein helfen kann, die heilsamen Impulse optimal aufzunehmen und die Schattenlösung in der notwendigen Weise zuzulassen.

Zweifellos gibt es auch Therapie- und Heilmethoden sowie Meditationsformen, die den Prinzipien des Einverstandenseins zuwiderlaufen. Dabei denken wir zunächst einmal an medikamentöse Therapien wie die Einnahme von Psychopharmaka und andere von der Schulmedizin eingesetzte »Heilmittel«. Wenn diese auch als »erste Hilfe« Wertvolles leisten können, unterstützen sie auf Dauer gesehen den Kampf gegen etwas Ungeliebtes, anstatt für Aussöhnung zu sorgen.

Auch im geistigen Bereich gibt es Methoden, die einen inneren Konflikt mit den Prinzipien des Einverstandenseins hervorrufen können. Zu dieser Kategorie gehören vor allem Übungen, die mit Willensanstrengung oder Konzentration arbeiten. Dazu möchten wir sagen: Alles zu seiner Zeit. Diese Methoden können ohne Zweifel Geisteskräfte sammeln und stärken. Wo sie jedoch mit dem Ausschluss unerwünschter Bewusstseinsinhalte arbeiten, besteht eine besonders große Gefahr, den Schatten zu verdrängen und in eine Einseitigkeit zu verfallen. Nacheinander ausgeübt können sich die Methoden jedoch ergänzen und bereichern. Eine Zeit der Konzentration kann unwichtige, oberflächliche Eindrücke ausschließen und uns für tiefere Ebenen des Einverstandenseins vorbereiten. Auf der anderen Seite kann das Einverstandensein durch die damit einhergehende Entspannung und Lösung innerer Konflikte die Konzentration erleichtern und vertiefen und damit die Effektivität der erwähnten Methoden steigern.

Wir hoffen, dass sich bei unseren Ausführungen niemand übergangen gefühlt hat, da wir *seine* Methode eventuell nicht erwähnt haben. Dazu müssen wir sagen, dass uns nicht alle Methoden bekannt sind, und schon gar nicht aus eigener Erfahrung. Doch wollten wir aufzeigen, dass das Einverstandensein eine wertvolle Ergänzung und Bereicherung jeder Form von Therapie, Meditation oder ganzheitlicher Heilung darstellen kann, die auf natürlichen Prinzipien beruht und zur universalen Ordnung beziehungsweise zu einer größeren Einheit mit sich selbst und dem Leben führt.

Ausblicke

Das Einverstandensein lässt dich in jedem Augenblick mit deinem ganzen Wesen präsent sein. Es führt zu einer inneren Offenheit, die das Leben in eine wunderbare Reise zur Einheit verwandelt. Du wirst von einem Leidenden wieder zu einem Pilger, der sich aufgemacht hat, das Leben in all seinen Facetten kennenzulernen und in seiner ganzen Fülle zu erschließen. Ziel dieser Reise ist jener Zustand, in dem alle behindernden Grenzen gefallen sind, weil du dich in allem erkennst. Da gibt es keinen Schatten mehr, das Ich hat sich erweitert zum Selbst, das eins ist mit allem, weil es alles ist. Die Ganzheit durchdringt dich, atmet in dir, pulsiert in dir. Dieser Zustand wird im Hinduismus als Befreiung bezeichnet, im Buddhismus als Erleuchtung, im Christentum als Paradies.

Auf dem Weg zu dieser Erfüllung weitet sich der innere Raum, bis er alle Ausdrucksformen umfängt. Die Einseitigkeit unserer Wahrnehmung ist aufgehoben und alle Bereiche unseres Lebens finden ihren angemessenen Platz. Wir hören auf, einen ständigen *Kampf* von Schwarz *gegen* Weiß zu führen und kehren zurück zu dem *Spiel* von Schwarz *und* Weiß. Wir begreifen, dass die negativen und positiven Pole des Rhythmus untrennbar sind und dass der Kampf gegen einen Pol genauso dumm ist wie der Versuch, die Berge zu behalten und die Täler abzuschaffen. Wir haben endlich die Tatsache anerkannt, dass Schwarz und Weiß ein Paar bilden. Da wir nichts mehr ausgrenzen, sind uns die Feinde abhandengekommen. Wir haben keine Aggressionen mehr, die wir auf die äußeren Umstände, auf andere Menschen oder Völker projizieren. So besteht für uns auch keine Notwendigkeit mehr, private, nationale oder globale Kriege zu führen. Stattdessen ist aus der Erkenntnis der inneren Einheit mit allem das Verantwortungsbewusstsein für unsere Welt gewachsen.

Je vollständiger sich unser Leben in die kosmischen Gesetze einschwingt, desto mehr beginnen wir, spontan richtig zu handeln. Das bedeutet Handeln in einer Weise, die das Wachstum zur Ganzheit in unserem eigenen Leben wie im Leben unserer Mitmenschen und der Natur unterstützt.

Wir leben zunehmend aus dem Wissen heraus, warum wir hier sind und was unsere Aufgabe ist. Wir nutzen spontan all unsere Fähigkeiten und Kräfte und nehmen die Verantwortung für die Gestaltung unseres Lebens ganz in unsere eigenen Hände. Diese Verantwortung dient uns als Schlüssel zur Meisterschaft im Leben und zur Unabhängigkeit von äußeren Bedingungen. Wir werden vom Opfer zur bestimmenden Gestaltungskraft in unserem Leben. Damit nehmen wir auch jede Schuldprojektion auf andere zurück.

Unser Handeln schöpft aus einer Quelle unversiegbarer Liebe und Kreativität. Diese Kreativität hat wenig mit Agieren, Anstrengung, Wille und Manipulation zu tun. Indem das Einverstandensein uns zum Einssein mit der ganzen Existenz führt, wird alles, was es zu tun gibt, als natürliche Entfaltung unseres Wesens durch uns getan.

Wir haben das anstrengende Unterfangen aufgegeben, jemand Bestimmtes sein zu wollen. Stattdessen geben wir uns damit zufrieden, einfach wir selbst zu sein. Solange wir einem Selbstbild nacheiferten, verzichteten wir auf alles, was dort nicht hineinpasste, verzichteten auf die Unendlichkeit der allumfassenden, unteilbaren Wirklichkeit. Mit diesem Verzicht haben wir nun Schluss gemacht.

Durch das »Ja« zum Leben und unseren Mut zu sein, wie wir wirklich sind, vertrauen wir uns der Wahrheit an und lassen uns von unserem innersten Selbst leiten. Wir werden zu einem Instrument Gottes, durch das er sich erkennen und in der Welt ausdrücken kann.

Unser Erleben wird direkt und spontan, und wir können jeder Situation neu und offen begegnen, anstatt sie durch den Filter unserer vergangenen Erfahrungen, unserer Konzepte und Vorstellungen über das Leben zu betrachten.

In der Hingabe an den natürlichen Fluss der Gefühle und des Lebens haben wir wirkliche Freiheit erlangt. Indem wir unseren Anspruch aufgegeben haben, immer alles anders haben zu wollen, als es ist, verweigern wir uns nicht länger der Wirklichkeit, nehmen Teil an der Gegenwart, an dem, was ist.

Wir gehören hier und jetzt zum ewigen Augenblick. Mit dieser außerordentlichen Gegenwärtigkeit geht eine ungeahnte Intensität des Erlebens einher, eine unbeeinflussbare Heiterkeit und Spontaneität, ein ständiges Staunen im Anblick der Wunder des Lebens.

Schaue auf diesen Tag, denn er ist Leben,
er ist das wahre Leben des Lebens.
In seiner kurzen Spanne
liegen alle Wirklichkeiten
und Wahrheiten der Existenz verborgen,
das Wunder des Wachstums,
die Herrlichkeit des Handelns,
die Freude am Ausdruck der Kraft.
Denn Gestern ist nichts als eine Erinnerung,
und Morgen ist nur eine Vision,
aber das Heute, recht gelebt,
wandelt jedes Gestern in eine Erinnerung des Glücks,
und jedes Morgen in eine Vision der Hoffnung.
Darum schaue gut auf diesen Tag.

Sanskrit Hymne

In enger Verbundenheit mit dem gegenwärtigen Augenblick nehmen wir das Leben wahr wie eine verschwenderische Metamorphose. Auf der Grundlage einer unveränderlichen Geborgenheit im Sein erfahren wir das Leben in jedem Moment neu. Wir nehmen die Welt nicht mehr mit Hilfe der Projektionen unseres Geistes wahr. Wir haben den Filter unserer Vergangenheit und unserer Erwartungen abgelegt und sind in jedem Moment offen für das Unbekannte, für die Spontaneität des Wirklichen. In uns ist eine Freude und ein Staunen, das sich ständig erneuert, wobei jede Wahrnehmung einen einzigartigen Duft besitzt und von einer unverwechselbaren Musik begleitet wird.

Wir erkennen in den Geschöpfen, Dingen und Ereignissen die vielfältigen Darstellungen, Spiele, Masken und Rollen der einzigen Wirklichkeit: Gott, das universale Selbst, die höchste Wahrheit oder wie immer du es bezeichnen möchtest. Den Ozean der Seligkeit erfahren wir als unser eigentliches Sein, nehmen gleichzeitig als individuelle Welle teil am spielerischen Tanz der Schöpfung, im Austausch mit allen anderen Wellen, die auf der Oberfläche des Ozeans daherrollen. Wir sind verbunden mit allen Schwingungen des Kosmos, erleben, wie in einer unendlichen schöpferischen Sarabande in nicht endender Verwandlung Myriaden von Arten und Lebewesen erschaffen werden, Millionen von Sonnen entstehen und vergehen. Sie alle sind Teil der einen göttlichen Wirklichkeit, die uns immer aufs Neue in Erstaunen versetzt, sind Teil unseres eigenen Selbst.

Wir hoffen, dir mit diesem Buch einen gangbaren Weg zu dieser wunderbaren Wirklichkeit gewiesen zu haben. Inwieweit dich das Einverstandensein auf deinem individuellen Weg begleitet und welche Erfahrungen sich für dich dabei erschließen, wird in deinem eigenen Buch des Lebens vermerkt bleiben.

Über die Autorin

Shalila Baginski, Jahrgang 1948, begann ihren Werdegang 1972 mit einer Ausbildung als Meditationlehrerin mit anschließender Gründung und Leitung mehrerer Meditationszentren. Es folgte eine Reiki-Ausbildung zusammen mit ihrem Mann Bodo J. Baginski († 2012). Ihr gemeinsam verfasstes Buch »Reiki – universale Lebensenergie«, war weltweit das erste Buch über diese zu jener Zeit aufblühende Therapieform. Es entwickelte sich zu ihrem ersten Bestseller und wurde inzwischen in 30 Sprachen übersetzt.

Sie verflocht ihre Arbeit als Reiki-Therapeutin zunehmend mit ganzheitlicher Lebenshilfe und Gesundheitsberatung. Es folgten zehn weitere Bücher, von denen mehrere ebenfalls zu Bestsellern avancierten.

Nach einem Umzug an die Küste Südwest-Irlands vor über 30 Jahren machte Shalila eine Ausbildung in ganzheitlichem, biologischem Gemüseanbau und Samenziehung. Nach mehrjähriger Forschung und Erfahrung entwickelte sie für eine weltweite NGO einen Lehrerausbildungskurs für Anfänger und hielt Seminare in verschiedenen europäischen Ländern und Indien. Heute lebt sie in der Stille der irischen Berge mit Blick auf den Atlantik, wo sie in ihrem Haus Schweige-Retreats für kleine Gruppen anbietet.

Weitere Titel bei
Neue Erde

Es ist Zeit für ... The Deeper Secret

Das »Gesetz der Anziehung« ist nur eines von zwölf universellen Gesetzen. Diese zwölf Gesetze hat Annemarie Postma in diesem Buch lebens- und praxisnah beschrieben. Und sie stellt klar: Diese Gesetze zu kennen und im eigenen Leben anzuwenden ist kein Fingerschnippen, sondern ein Prozess lebenslangen Lernens und Übens. Und dazu ist ihr Buch ein Wegbegleiter, den man immer wieder zur Hand nehmen sollte. Fülle stellt sich ein, wenn wir nicht mehr fragen: »Was kann das Universum für mich tun?« sondern: »Was kann ich fürs Weltganze tun?«

Annemarie Postma
The Deeper Secret
Das Tiefere Geheimnis
Pappband mit Lesebändchen, 160 Seiten
ISBN 978-3-89060-581-4

Sich selbst zu lieben ist der Schlüssel

Solange Sie in der Liebe noch Mangel erfahren, liegt das nicht daran, dass nicht genug Liebe da ist, sondern daran, dass Sie immer noch außerhalb von sich nach etwas suchen, was Ihnen innen fehlt. Das Universum ist barmherzig und gerecht. Es gibt keinen Mangel an Liebe, allein ein Mangel an Einsicht. Dieses Buch ist eine Ode an die Liebe, die Sie sind.

Annemarie Postma
Das tiefere Geheimnis der Liebe
The Deeper Secret of Love
Pappband mit Lesebändchen, 144 Seiten
ISBN 978-3-89060-596-8

www.neue-erde.de

Aus der Kraft des Herzens leben

Schon mit seinem Erfolgsbuch »Chakren« hat Shai Tubali gezeigt, dass er weiß, wie eng Seele und Körper zusammengehören. In diesem Buch richtet er seine ganze Aufmerksamkeit auf das Herz.

Die Übungen, die jedes Kapitel begleiten, hat der Autor vielfach in seinen Kursen und Retreats erprobt.

Shai Tubali

Die sieben Herzgeheimnisse

Leben in Vertrauen und Liebe

Klappenbroschur, 128 Seiten, mit vielen Farbfotos

ISBN 978-3-89060-759-7

Das Erblühen der Seelenblumen

Dies ist ein hochschwingendes Orakelset, das hilft, sich mit der Weisheit der Pflanzenwesen zu verbinden und den Garten der eigenen Seele zu pflegen. Die Karten unterstützen dabei, sich an die einfache Wahrheit zu erinnern: Wir sind Teil der Natur – und wir sind zyklische Wesen, die eng mit der Erde und allem Leben verbunden sind.

Lisa Estabrook

Soulflower

Das Pflanzenwesen-Orakel

Buch 240 Seiten, mit 44 Karten in Magnetklappbox

ISBN 978-3-89060-864-8

Hier kann man sich zum **Neue Erde-Newsletter** anmelden:
newsletter.neueerde.de/anmeldung

NEUE ERDE im Buchhandel

Sollte es Lieferschwierigkeiten bei den Büchern von NEUE ERDE geben, lassen Sie immer im VLB (Verzeichnis lieferbarer Bücher) nachsehen, im Internet unter **www.buchhandel.de**

Alle lieferbaren Titel des Verlags sind für den Buchhandel verfügbar.

Sie finden unsere Bücher auch auf unserer Homepage **www.neue-erde.de** oder in unserem Gesamtverzeichnis, welches Sie gerne hier anfordern können:

NEUE ERDE GmbH
Cecilienstr. 29 · 66111 Saarbrücken
info@neue-erde.de

NEUE ERDE